Ik zocht de dood,
maar vond het leven

MARGUERITA SINGE

Ik zocht de dood, maar vond het leven

Het verhaal van een Rwandese vrouw die alles verloor, maar bij ons een nieuw leven opbouwde

 LANNOO

In memoriam
Dit boek draag ik op aan mijn geliefde ouders.

OP DE BIES

Mijn eerste zomer, gelukkig de enige in het asielzoekerscentrum, verliep dramatisch. Na een verblijf van bijna een jaar in het land van aankomst was ik wat gewend geraakt aan deze nieuwe cultuur die ook de mijne zou worden. Ik sprak een beetje Nederlands en begon me op mijn gemak te voelen in dit mooie platte land. Ik wilde graag zo snel mogelijk de maatschappij in, om mee te doen aan productieve processen als wonen, leren en werken. Ondanks de frustraties van het leven in het asielzoekerscentrum – waar de bewoners niet worden gewaardeerd en soms onmenselijke behandelingen ondergaan, zoals de hele familie inclusief hun grote kinderen op één kamer laten slapen, jarenlang op een normale woning moeten wachten ook als de verblijfsdocumenten in orde zijn – was ik daar toch een beetje gelukkig. Ik geloofde in een toekomst met betere perspectieven. Het zou een kwestie van tijd zijn, van motivatie en hard werken, van mij openstellen voor de nieuwe cultuur, en dan zou ik weer op mijn niveau kunnen leven. Het niveau waarnaar ik verlangde, was niets meer dan weer mezelf te zijn. Door niet te kunnen communiceren in de vreemde taal voelde ik me een analfabeet, terwijl ik in de derde wereld bij de intellectuelen hoorde.

Ik was enthousiast en benieuwd naar mijn toekomst in Nederland en was zeker van succes omdat ik de vrije wil had mijn leven weer een betekenis te geven. Trouwens: ik was emotioneel en economisch zo diep gezonken dat het alleen maar beter kon worden.

Als echtgenote en moeder van drie kinderen had ik geen andere voorstelling dan lekker samen met mijn man de kinderen op te voeden, een gezin te vormen en gelukkig te zijn. In mijn beleving was dat ook vanzelfsprekend. Hadden wij al niet genoeg geleden? Hadden wij geen recht op veranderingen in de goede richting?

In Op de Bies genoot ik van de seizoensveranderingen. De zomer was lekker warm, zoals in Afrika, en dan voelde ik me prettiger. De koude perioden vond ik minder leuk, maar het was een kwestie van wennen. Dat ik nooit passend gekleed was, zal ik nooit vergeten. Zo liep ik bij minder dan vijf graden Celsius lekker naar buiten op mijn slippers, en bij meer dan twintig graden Celsius met een dikke jas. Ik had koude voeten in de winter, tot ik merkte dat anderen dichte schoenen hadden aangetrokken. Zo leer je langzamerhand hoe het moet, door naar het gedrag van anderen te kijken en het te imiteren.

In Afrika had ik alleen de zomer of het zogeheten warme seizoen meegemaakt, met afwisseling van droogte- en regenperiodes. Daar hebben wij namelijk geen vier seizoenen. Daar gingen mijn planten en bloemen nooit dood. Het enige wat ik deed, was wat extra water geven, en ze bleven het hele jaar lang groeien en bloeien. Hier heb ik gezien hoe de natuur in staat is bijna alles wat leeft, te vernietigen. Mijn eerste winter in Holland vond ik zo bijzonder. De eerste sneeuwval vond ik indrukwekkend. Ik raakte de sneeuw aan en stopte deze in mijn mond om het te proeven.

In Op de Bies werd het leven elke dag gekenmerkt door heftige indrukken. Er waren de vele rokende mensen om mij heen (soms vroeg ik me af of het mogelijk was in dit land te leven met rookvrije longen). De vele mooie koeien in de wei – wie lette op al die dieren? – waren zo tam en liepen nooit weg. Bij de lokale supermarkt heb ik de caissières leren onderscheiden, blondines en brunettes – een oefening die ik meer deed uit noodzaak dan dat ik het zo leuk vond. Noodzakelijk om mensen niet door elkaar te halen als ik eenmaal verder zou staan in de samenleving, want al die blanken leken toch op elkaar, vond ik in het begin.

Bij de bank vond ik het bewonderenswaardig dat geld uit de muur kon komen, want in de derde wereld had ik het altijd door iemand bij de balie uitgereikt gekregen. Toen ik mijn geboorteland verliet, waren de pinautomaten daar nog niet zo populair.

In het asielzoekerscentrum heb je tijd zat. Je moet jezelf vaardigheden eigen maken die kinderen op de kleuterschool allang beheersen. In het asielzoekerscentrum ben je een kind-volwassene: je snapt weinig van de westerse wereld om je heen, en dat kan leiden tot heftige frustraties. In een asielzoekerscentrum word je elk moment ermee geconfronteerd dat je je waardigheid aan het kwijtraken bent, en dat veroorzaakt hevige geestelijke pijn. Als volwassene wil je niet accepteren dat een kind van de kleuterschool het beter weet en doet dan jij. Het kan praten, het kletst continu met anderen, het leeft lekker actief en maakt contact met de omgeving. Als volwassen asielzoeker ben je oncommunicatief, pessimistisch en vaak eenzaam. Je bent alleen, ook al leef je in een grote groep mensen. Zij zijn net zoals jij.

Bij de dokter is het je eigen kind dat je kwaaltjes voor je vertaalt, en hierdoor ervaar je wat hulp had moeten zijn als een immense vernedering. Het kind voelt zich lekker onmisbaar, en zo worden de rollen tussen ouder en kind omgedraaid. Hierdoor raakt de asielzoeker ook nog zijn autoriteit kwijt over zijn eigen nageslacht. Het leven in een asielzoekerscentrum tast enorm het gevoel van eigenwaarde aan.

Je bent de toeschouwer van het echte leven; je voelt de frustratie om er geen deel van uit te maken en niet te begrijpen waarover het gaat. Je bent buitengesloten, je hebt het gevoel de enige te zijn die de eigen situatie begrijpt, en je kunt je problemen ook niet aan de ander duidelijk maken. In dat stadium van de opvang in dit prachtige westerse land heb ik me het meest onbekwaam gevoeld, en dat was eng.

Zelfs een harmonieus bestaan tussen mijn man en mezelf werd onmogelijk. Op een mooie zomerdag kwam mijn man dronken thuis. In weinig woorden vertelde hij me dat hij via betrouwbare bronnen heel goed wist dat ik me in Kenia – het land waaruit ik na mijn vlucht uit Rwanda was terechtgekomen – als een hoer had gedragen. Ik zou met andere mannen naar bed zijn geweest en moest er niet over liegen. Volgens hem kon ik beter de waarheid vertellen en mijn gedrag tot in de kleinste details beschrijven, want hij kon niet langer met een leugenachtige hoer leven. Bovendien zou hij dat verhaal uit heel betrouwbare bronnen hebben vernomen. Als ik erover loog, zou ik alleen om meer problemen vragen.

Verbaasd en doodsbang wist ik niet wat ik moest vertellen. Ik zag de bui al dagen hangen, maar wist niet dat het om ongegronde jaloezie ging. Hij praatte weinig met mij en deed afstandelijk. Toen ik hem vroeg zijn bronnen te onthullen, om er open over te kunnen praten, wou hij dat niet doen. Hij zou zijn goede vrienden niet verraden, ik moest maar de daad bekennen, ik had onverdraagzaam gedrag tentoongespreid. Hij zou niet diegenen verraden met wie hij geheimen deelde – dat doen echte mannen niet. Daardoor wist ik zeker dat die zogenaamde verslaggevers er ook niet zijn geweest. Ik had te maken met een jaloerse man, en dit was een ernstige zaak. Ik had me in de Keniase hoofdstad Nairobi niet anders gedragen dan ik normaal deed. Mezelf verdedigen tegen de fantasieën van mijn eigen man voelde zeker niet prettig, maar zo kon het ook niet verder. We moesten praten.

Diep in mijn hart wist ik dat dit verhaal nergens op sloeg, maar hij was niet op andere gedachten te brengen. Hij noemde me een hoer en gooide de frituurpan op mijn arm – gelukkig met koude olie. Meer dan een gekneusde triceps en een pijnlijke herinnering heb ik er niet aan overgehouden. Alleen werd het even later flink dweilen, wat niet gesmeerd liep – olie dweilen met pijn in mijn arm.

Dezelfde avond besloot mijn man zich als een echte man te gedragen – volgens hem dan. Ik was me aan het voorbereiden om naar bed te gaan. De kinderen lagen al te slapen op drie van onze vijf kleine bedden, die op een rij stonden in onze slaapzaal. Daar sliepen alle families bij elkaar. Zo was het geregeld in ons opvangcentrum. We hadden geen slaapkamers, maar een slaapzaal.

Mijn man kwam naast me staan. Hij begon me weer lelijk uit te schelden en noemde namen van willekeurige mensen met wie ik naar bed zou zijn geweest. Ik dacht: wat een lange lijst! Ik schaamde me vooral voor deze mensen, die ik alleen maar kende – meer niet. Ze zouden nooit weten dat mijn man ze als geschikte partner voor zijn eigen vrouw zag.

Zeggen dat het niet waar was, was liegen volgens mijn man. Ik stond op het punt te bekennen zodat mijn leven iets draaglijker zou worden, want hij martelde me dag in dag uit vanwege mijn gedrag 'als hoer'. Deze bekentenis vond ik toch ook weer belachelijk. Ik wilde absoluut geen andere mensen bij de zaak betrekken die er niets mee te maken hadden. Als ik deze ellende moest ondergaan, wilde ik het bij mijzelf houden. De overweging te accepteren dat ik het inderdaad met de genoemde mannen gedaan had, was snel van de baan. Zo zou ik mezelf niet behandelen, ook niet om zijn mannelijkheid te strelen. Er werden trouwens geen vrouwen vernoemd; kennelijk kent mijn man mij beter dan ik mezelf wat mijn seksuele voorkeur betreft.

Nog sneller dan ik tellen kon, had hij me een klap in het gezicht gegeven. Ik was recalcitrant en gaf de fouten niet snel genoeg toe, waarop hij in actie moest komen. De ondraaglijke pijn maakte me duizelig. Ik hoor het gepiep in mijn linkeroor nog als de dag van gisteren. Omdat ik mijn evenwicht dreigde te verliezen, ging ik op bed zitten. Mijn linkeroor bleef maar piepen, en het was erg eng en storend, alsof ik een harde fietsbel hoorde. Ik probeerde diep uit te ademen en te zuchten om niet gelijk hard te huilen, want dat zou de kinderen wakker maken. Ik wilde eigenlijk niet eens huilen – ik kon het niet of ik vergat het.

Na een paar minuten kwam ik weer bij. Ik begon pas dan zo luid mogelijk te huilen. Mijn eigen geluid gaf mij weer hoop: ik was er nog steeds. Ik verdubbelde de sterkte van mijn huilgeluid, hopende mijn man zo tegen te houden door te gaan met slaan. Ik was erg bang van hem geworden en het lukte mij niet om hem om genade te smeken. Ik wilde niet laf lijken. Ik huilde weer, ook om eventuele mensen in de omgeving te waarschuwen dat er iemand in het gebouw was die gevaar liep. Opeens was ik het slachtoffer geworden van echtelijke mishandeling. Nu ik eraan terugdenk, schaam ik me voor die menselijke sirene die ik op dat moment was.

Huilen hielp in ieder geval niet, want mijn man hield niet op. Hij stond naast me met zijn twee handen om mijn keel gedrukt. Het was niet pijnlijk, maar ik snapte de bedoeling van zijn houding niet. Hij wurgde noch aaide. Ik werd stil en keek hem recht in de ogen. Hij keek mij ook aan. Ik keek hem weer aan en zag een ander mens. Ik bleef hem aankijken. Ik sprak geen woord, alsof ik hem onderzocht, en hij liet me los. Ik had een man gezien die ik nooit eerder had gezien. Hij gaf me het gevoel dat ik voor altijd bij hem uit de buurt zou moeten blijven. Hij leek zijn eigen territorium te zijn geworden en dat werd streng bewaakt. Met deze man was ik niet getrouwd, en ik zou het ook nooit willen. Op deze man was ik niet gevallen, van hem had ik niet gehouden en geen enkele vrouw kiest hiervoor. Waar kwam die man nou vandaan en wat was hij van plan met mij te doen?

Ik zuchtte, ademde diep uit en de lucht stroomde naar buiten van mijn longen via mijn linkeroor. Er was een extra opening in mijn gehoororgaan gecreëerd. Toen ik deze vreemde beweging van ademhalen waarnam, werd ik bevangen door een grote angst. Mijn man had me keihard geslagen en zelfs een extra gat in mijn lichaam geboord. Hij kon zijn eigen jaloezie niet verdragen en ik zou eraan kapotgaan als ik niet alert reageerde.

Ik stapte naar de politie. Niet om hem maar om mezelf aan te geven. Ik wist niet hoe ik verder moest. Onderweg begon ik weer hard te huilen. Ik was niet alleen mijn familie verloren, maar was er net achter gekomen dat mijn man niet langer de mijne was. Voortaan had ik een partner; een begrip dat in mijn beleving anders zou klinken dan echtgenoot.

De volgende dag lieten de begeleiders een dokter komen die Frans sprak. Het trommelvlies van mijn linkeroor was ontploft door de klap van mijn eigen man. Mijn enige wens was dat ik er geen doofheid aan zou overhouden. Volgens de dokter moest ik hem verlaten als het vaker gebeurde. Ik wilde nog wachten, het was de eerste keer, hoewel ik me afvraag of je in zulke gevallen moet zitten tellen.

De dokter zou mijn timpaan beter maken, maar wie zou mijn hart beter maken? Dat is tegelijk ook ontploft. Gelukkig zou mijn man dit nooit te weten komen, want hij zou die innerlijke wond ook niet begrijpen. Hij heeft me gelukkig niet in het hart geraakt, alleen het oor – zo zou hij erover denken.

Ondanks deze klap zou ik toch compleet als mens kunnen leven, want daar besliste ik zelf over. Emotioneel en sentimenteel was ik altijd al geweest, en dat betekende dat ik mij voortaan gedeisd zou moeten houden in de buurt van mijn eigen man, uit vrees weer diegene te ontmoeten die in staat is mij lichamelijk en geestelijk te verbouwen. Ik zou ervoor moeten zorgen dat hij het niet weer in zijn hoofd zou halen mij te slaan. Hierdoor zou mijn man misschien een ander soort vrouw overhouden, maar daar zou hij niet mee zitten. Hij heeft een vrouw thuis, en daarmee ook de maatschappelijke status die daaraan verbonden is. Zo kan hij verder man zijn zonder de levenszaken al te ingewikkeld te hoeven maken.

Ik geloof in vergeving, maar wat mijn emotionele geheugen met deze gegevens zou doen, oversteeg mij als mens. Ik zou het niet vergeten en bij mijn eigen man op mijn qui-vive blijven. Nu heb ik je mijn geheim verklapt: dat ik me soms plots angstig voel als mijn eigen man mij benadert. Gelukkig is hij heel fatsoenlijk, rustig en kan hij zijn afstand bewaren. Zelfs praten kunnen we samen, en op dit voorval zijn we teruggekomen, in het asielzoekerscentrum.

'Karl, in Kenia had ik een bijna normaal leven en ik begon zelfs al werk te zoeken. Naar Europa komen duurde langer en langer en ik wist niet eens of het zou lukken. Nu ben ik hier en kijk wat mij te wachten staat. Je slaat mij en ik weet niet meer hoe het verder moet.'

'Moet je daar echt altijd op terugkomen? Dat was een incident. Het zal nooit meer gebeuren.'

'Je snapt het niet. Het is niet de lichamelijke pijn die mij verdriet doet, maar mijn hart is ontploft. Daar kom ik nooit meer overheen.'

'Het zal goed komen. Als we een eigen huis hebben, bouwen we een eigen leven op. Hier in het asielzoekerscentrum is iedereen verbitterd. Je kunt makkelijk domme dingen doen.'

'Geef je nu toe dat je iets doms gedaan hebt door mij te slaan?'

'Laten we even realistisch zijn. Jij bent ook onhandelbaar. Als je een eerlijk antwoord had gegeven, had ik jou niet hoeven te slaan. Soms vragen vrouwen gewoon om klappen. Je slaat ze in de hoop dat ze zich gaan corrigeren, maar ze gaan door met stommiteiten. Vrouwen....'

'Zie je het zo?'

'Iedereen ziet het zo. Wij mannen doen niet zo ingewikkeld.'

'Je bent niet iedereen, en jou herken ik niet meer.'

'Nee? Was je er niet bij toen we trouwden?'

'Hum...'

'Wat ga je doen dan?'

'Ik weet het niet. Ik voel me wankel en wil liever nergens aan denken. Mijn hele persoon is gericht op de toekomst van mijn kinderen. Gelukkig heb ik hen. Ze zijn mijn enige kracht op dit moment.'

'Denk je erover mij te verlaten?'

'Absoluut. Ik voel me nu al tekortschieten als mens dat ik nog samen met jou in deze kamer zit te praten.'

'Ik heb sorry gezegd en we moeten ons inderdaad ook richten op onze kinderen. Je wil de kinderen toch geen pijn doen?'

'Neem me niet kwalijk. Je bent misschien een echte man, maar zo voel ik me geen echte vrouw, niet meer. Ik zal nu moeten zien hoe ik met jou moet samenleven, als ik bij jou blijf. Daar wil ik ook niet echt over nadenken. Ik ben net hier, in dit nieuwe land, en weet niet hoe alles hier gaat. Ik voel me waardeloos.'

'Zeg dat nou niet. Je hebt mij toch!'

'Juist, of niet...'

'Ik wil jou niet kwijt, hoor.' (Karl lachte, ik niet)

'Als ik in deze maatschappij zelfstandig was geweest, zou ik nu niet met jou zitten praten.'

'Hoe lang ben je van plan boos op mij te blijven?'

'Dat is niet waar het om gaat. De kwestie is dat ik niet meer weet wie je bent, waar je toe in staat bent. De kwestie is dat ik zo mezelf niet kan zijn.'

'Het leven is niet gemakkelijk.'

'Nee.'

'We zien hoe het verder loopt.'

'Ja. De tijd zal het ons leren.'

Hierna hebben we het nog weinig over het voorval gehad. Ik durf er niet meer over beginnen. Als ik het doe, zal Karl alleen maar boos worden. Ik heb nooit geweten dat een klap een vrouw zo lang en zo diep dwars kon zitten.

VRIJE KEUZE

Van de ene op de andere dag was er geen regeling meer. De milities hadden de macht overgenomen en de wegen gebarricadeerd. Ze begonnen het volk te terroriseren. Overal in Rwanda was er chaos en geweld: doden, martelen, plunderen, verkrachten en beroven. De mens zou in mijn ogen voortaan nooit meer te doorgronden zijn.

Het was het voorjaar van 1994 en de burgeroorlog was begonnen. Analfabeten, bandieten en delinquenten kregen het voor het zeggen. Ook gewone mensen begonnen zich plotseling te bemoeien. Het was hun tijd. Zij namen de regie over deze onmenselijke daden. De hele bevolking verkeerde in een nationale nachtmerrie. Banken, ministeries, ziekenhuizen, bedrijven, alle privé- en overheidsinstanties waren van niemand geworden. De plunderaars wisten van geen ophouden. Ze gingen door met het verzamelen van goederen die andere, op de vlucht geslagenen, hadden achtergelaten. Op hun beurt werden zij doodgeschoten door andere gewapende troepen. De sterke plunderaars veranderden dan in verse lijken. Ze lagen op straat naast grote ijskasten met gouden sieraden in de handen. Moeders hielden hun wanhopige kinderen vast en probeerden ze te troosten. Baby's sliepen niet meer en bleven trekken en zuigen aan de borsten van hun mama. Maar de moedermelk was opgedroogd.

Ongeschoren vaders wisten niet hoe ze hun gezinnen in bescherming zouden brengen. Iedereen was bang. Ieder oogcontact met vriend of familielid kon op een *adieu* duiden. Iedereen deelde hetzelfde gevoel: doodsangst. Elk moment kon je worden gedood. De moordenaar kwam uit onverwachte hoek en kon ook de buurman zijn. Mensen waren veranderd in andere mensen en namen andere rollen op zich. Het was een tijd van verraad en meedogenloosheid.

De angst en de kans om te sterven werden steeds groter en groter. Ik wist niet hoe ik uit het leven moest stappen. Je moest natuurlijk vermoord worden om er niet meer te zijn, en dat wachten was op zichzelf al ondraaglijk – laat staan de manier waarop. Mijn leven hing aan een zijden draadje, en ik wilde die koste wat het kost vasthouden, hoewel ik niet meer wist hoe. Ik wilde niet denken aan zelfmoord, zoals veel anderen die zichzelf ophingen voordat ze konden worden vermoord. Dat vond ik egoïstisch en vooral onpraktisch, ook omdat ik twee kleine kinderen bij me had. Soms, bijvoorbeeld toen vier buren doodgeschoten werden, begon ik niettemin ook te wensen dat het afgelopen was. Hoe sneller het ging, hoe minder het lijden, dacht ik. Maar: lijden was misschien beter dan dood zijn, dacht ik op een ander moment. En als ik zo dapper was om de snelle dood te wensen, hoe moest ik die bestellen? Bij wie kon ik terecht? Iemand moest dit voor mij komen doen. Iemand moest mij te hulp schieten en misschien ook mijn kinderen, die nog heel jong waren en het niet begrepen. Maar hoe kon ik mijn kinderen bij zoiets willen betrekken! Ik zag Nene, mijn dochter van twee, mij al goed in de gaten houden, alsof ze wist dat wie op zo'n manier verdwijnt, nooit meer terugkomt.

De schoten kwamen dichter bij de hoofdstad Kigali, waar we woonden. Wanhopige vluchtelingen waren overal verspreid en verdwaald. Jonge, huilende, hongerige kinderen moesten verder en verder lopen, zonder bestemming. Als hun benen en enkels al te opgezwollen waren, gingen ze soms langs de weg zitten of liggen huilen. Sommige moeders konden naast hun kroost zitten of liggen wachten, en samen huilen. Anderen konden niet wachten en liepen kinderloos door. Soms gingen jonge kinderen eerder dood dan ouderen, door uitdroging of vermoeidheid, en ze kregen de omslagdoeken van de moeders over zich heen als enig uitvaartritueel. De moeders moesten verder lopen, zonder omslagdoek. Zij hadden niets meer om zich te beschermen tegen de wind en de kou in de avonduren. Anderen dekten hun doden of stervenden af met bladeren, en hielden de omslagdoeken voor zichzelf. Ook een goede keuze: ze moesten de kou zien te overleven. Zo kon het volgende leven nog even worden gespaard. Wachten en stervenden begeleiden was andere levens riskeren. Iedereen moest verder lopen. Iedereen die het nog kon. Weglopen voor het gevaar, wetende dat het gevaar meeliep.

Het maakte eigenlijk niets uit welke keuzes er werden gemaakt: er bestond geen keuze. De mens werd overstegen door het kwade. Moeders raakten op de vlucht hun baby's kwijt, mannen hun vrouwen, dieren hun bazen. Velen stierven onderweg door vermoeidheid, ziektes, schoten, meswonden en verdriet.

Er waren lijken langs de wegen gelegd, en de zwakke levende mensen roken de lijklucht. Die ontbindingslucht, die elk moment uit mijn eigen lijf kon oprijzen, zal mij nooit meer loslaten. Ik heb anderen geroken, ik heb familieleden, kennissen, vrienden en levenloze medemensen geroken. Zo ruikt de overledene. Straks ook jij. En ik.

Hoewel ik voelde dat mijn sterfdag misschien ook nabij was, lukte het mij niet om op één plek te blijven wachten. Ik trilde van angst. Ik hoorde continu schoten. Ze kwamen dichterbij. Ik zag radeloze vluchtelingen overal verspreid en besefte dat niemand graag doodging. Veel mensen bleven het leven vasthouden, ook al was er niets meer om je aan vast te houden. De kracht van de mens is immens, maar niemand wint.

Sommigen namen de moedige beslissing hun lichaam niet verder te verplaatsen. Als het zo moest, zouden ze sterven waar ze waren. Ik schrok van de buschauffeur die zo gek was geworden dat hij zijn eigen kinderen doodde, omdat anderen het te pijnlijk zouden doen. Mensen hadden de hoop opgegeven. Hun geest had al besloten hun levende lichaam te verlaten, en ik bewonderde deze moedige daad, zonder te begrijpen waar die moed vandaan kwam. Ik bewonderde ook mijn lafheid: ik wachtte, ook al duurde het een eeuwigheid.

Ik keek naar mijn kinderen. Ze keken mij aan met vragende oogjes. Ik begreep hun vraag. Ze waren bang en wilden blijven leven, nog even, misschien groeien, misschien de kleuterschool halen. Ik wilde hetzelfde als mijn kinderen. Ik keek ze aan en besefte dat ik wilde wat zij wilden. Ze begrepen mij. Misschien even blijven leven, samen met hen, ik bedoel ze nog even mogen zien, ik bedoel meemaken. Leven. Misschien nog even. Ik kon geen beslissing nemen. Ik was voor de zoveelste keer besluiteloos en radeloos. Zonder erover na te denken koos ik ervoor om misschien toch maar dood te gaan, maar niet ergens op een bepaalde plek. Ik bedoel, niet bijvoorbeeld binnen in een huis blijven wachten. Een open ruimte leek mij wel wat. Ik ging de weg op. Als ik omgebracht zou worden, wilde ik in beweging zijn, want wachten op de dood lukte mij toch niet.

De ochtend dat ik zo bang was nadat er de hele nacht was geschoten, heb ik toch besloten weer te gaan vluchten. Nu voor de tweede keer. Ik was al van mijn eigen huis naar mijn ouderlijke huis gevlucht, en zou nu weggaan naar het oosten waar de oorlog nog niet aan de gang was.

In mijn ouderlijke huis kon niemand de slaap vatten. De enige emotie die bij iedereen overheerste, was de angst om dood te gaan. Ik kon niet meer op mijn benen staan. Iedereen trilde van angst. We keken elkaar aan, zeiden niets, maar dachten hetzelfde. Mijn vader had zijn driedelige pak aangetrokken, alsof hij wist dat hij dat pak wilde aanhebben op zijn laatste dag. Hij zag er feestelijk uit, en dat idee kon ik niet verdragen. Hij was zover. Ik was nog niet zover, niet om dood te gaan, maar ook niet om hem te verliezen. Ik voelde de aarde onder mijn voeten wegglijden en wist niet wat ik verder moest. Mijn moeder had een paar lagen kleren aan, terwijl het niet koud was. Ze wou er netjes bij liggen. Wij vermeden elkaar in de ogen te kijken. Misschien om de ander de indruk te geven sterk in de schoenen te staan, maar nee, we waren bang, we waren bijna dood en iedereen wist dat het waar was. Er was geen weg terug. Vanuit het naburige dorp kwam er al gruwelijk nieuws. Daar waren de dorpelingen massaal bezig dood te gaan – ik bedoel te worden vermoord. Overal zag je mensen – met bagage, kippen, achter hun koeien en geiten aan lopend – die wanhopig het dorp probeerden te verlaten. Ik liep naar mijn moeder. Ze bekeek de massa in alle mogelijke richtingen, op de weg en in de struiken.

'Mama...'
Ik zei niets. We kregen allebei tranen in de ogen. Ik snapte dat we elkaar begrepen: hoe lang zou ik nog een moeder hebben en zij een kind? We wisselden onze laatste blikken, als moeder en kind.
'Ja...'
'Ik wil geen afscheid van je nemen...'
Mijn vader liep naar ons toe en omhelsde mij. Hij hield zich rechtop om sterk te lijken. We gunden elkaar onze laatste blikken, als vader en dochter.
'Nee...'
'Ik ga weg...'
'...'
'Kijk naar al die vluchtelingen. Ik ben bang om dood te gaan.'
'Je komt nergens, mijn kind, we zijn nergens, de wereld is aan het vergaan.'
'Ik weet het, ik kan niet staan, niet zitten, niet lopen, ik weet niet wat ik moet doen.'
'Lieverd, je bent een kind, met twee kinderen, jullie komen nergens. Laat Nene hier, twee kinderen meenemen, waarnaartoe? Hier hebben wij nog veel eten, het is tijd om te oogsten, niemand houdt zich ermee bezig. We hebben alles nog op de akkers. Er is ook veel melk en eieren, van honger zullen we niet doodgaan.'
'Mam, als ik zonder haar ga, als ik zonder Nene ga, laat ik haar huilend achter.'

Mijn moeder wipte even naar binnen, pakte wat granen, rijst, maïs, gierst en bonen en erwten – wat ze maar kon grijpen en gooide alles los door elkaar achter in de auto.

'Hier, neem mee. Je verlaat je ouderlijk huis niet met lege handen.'

'Dank je wel, mama, maar je gooit alles door elkaar!'

'Je hebt kinderen bij je, als ze het ene niet lusten, probeer je maar het andere.'

Zonder krachten liep ik naar mijn broer Bon en schoonzus Marie-Anne die in hun vakantiehuis naast de ouderlijke woning verbleven. Ook daar angstige ogen en tranen. Marie-Anne met beide handen op de buik, waar een baby van acht maanden nog bewoog als teken van leven. Ik keek haar aan, ik keek naar haar buik, ze was moe, doodmoe, maar had een beetje hoop. Wie doodt nu een zwangere vrouw! Misschien vroeg ze zich net als ik af of deze baby geboren zou worden. Ik haat dit soort gedachten en ze bleken ook funest: de baby zou niet komen.

Mijn broer liep naar me toe. Angstig, op, kapot. We voelden allemaal hetzelfde. Hij keek naar zijn vrouw en naar haar buik. Hij hield hun andere kinderen Gloire en Sor tussen hen in vast. Hij bedwong zijn tranen, maar we begrepen elkaar. Het einde was nabij. Deze keer niet van de zwangerschap van zijn derde kind, maar het einde van hun dood, onze dood, de familieondergang. Bon gunde mij de laatste blik, als broer en zus. We keken elkaar voor de laatste keer aan. Ik zag dat mijn broer zijn gezicht absoluut wilde afwenden.

Ik ging nog een keer langs mijn ouders. Mijn zus Belle was de enige die nog kon praten.

'Zus, waar vlucht je naartoe? De oorlog heeft ons bereikt.'

'Wat moeten we dan doen?'

'Iedereen begint nu angstig te huilen, maar dat helpt niet. Jullie maken de kinderen bang.'

'Wat helpt dan wel, zus?'

'Onze geest klaarmaken voor Petrus, de portier van de hemel, anders staan wij zo meteen perplex tussen hemel en aarde!'

Iedereen begon te lachen, ook mijn ouders. Belle was altijd en overal de humor zelf. Met haar in de buurt was het bijna onmogelijk je tanden niet te laten zien.

De ochtend waarop de oorlog ons bereikte, zeven dagen nadat ik het ouderlijk huis had ontvlucht, was het zover. Iedereen in mijn ouderlijk huis werd gedood. Ik was niet thuis. Ik had pech. Anders was ik meegevaren.

Later zou ik van mijn zus Zara, die zich uit de lijken wist te wringen, horen dat Belle tot haar laatste adem haar humor wist te bewaren. Zelfs wanneer de soldaten bezig waren iedereen bij elkaar te zoeken om ze in groep beter te kunnen vermoorden, kon Belle nog zachtjes iedereen aan het lachen krijgen. Ze maakte hen duidelijk dat hun lichaam al geen waarde meer had. Hun geest was al gered, en ze moesten zonder angst dat lichaam zien te verlaten. Zara vertelde me dat ze inderdaad allen moedig waren, in zoverre de mens in staat is moedig te blijven tijdens zijn laatste levensminuten.

Het laatste nieuws over Belle was dat ze niet door een schot was geraakt. De soldaten maakten haar af met messen. Ze kwam, met gestrekte armen, op een kleine afstand van de anderen te liggen. Haar lichaam was herkenbaar door haar lange mooie roze nagels en door de lange vingers die nu nog langer leken.

'Ze was een beeldschoon lijk', zei Zara. Misschien was Belle inderdaad lichamelijk niet langer 'belle', maar vanbinnen bleef ze buitengewoon zuiver. Ik heb geen kans gehad Belle na haar achttiende verjaardag mee te maken. Soms voel ik me erg laf niet met Belle te hebben gereisd in het leven hierna. Nu trakteert ze de hele familie op een dagelijks lachconcert en ik ben niet van de partij. Belle heeft mij niet willen achterlaten – ik was alleen te laf om met hen mee te gaan.

En dat allemaal omdat ik het zo nodig niet kon laten mijn ouderlijk huis te verlaten toen de soldaten kwamen en de oorlog ons bereikte. Ik sloeg op de vlucht, samen met mijn man en mijn twee kinderen. Ik was toen al een wees geworden. Nu heb ik het gevoel dat ik veel te lang ben blijven leven, terwijl de mijnen er niet meer zijn. Wat moet ik met al die extra jaren, vraag ik me soms af?

In de Région Turquoise waren de Franse militairen aanwezig om de vluchtelingen te beschermen en ze te weerhouden verder naar het oosten te gaan. De hele kust van Congo was al overspoeld door Rwandese vluchtelingen. Er waren epidemieën van allerlei besmettelijke ziektes als ebola, cholera en dysenterie uitgebroken vanwege gebrek aan hygiëne, eten, schoon water en andere primaire levensbehoeften. Het land was bijna leeg. Wie sneller dan de kogels had gerend, stierf aan deze epidemieën.

Vermagerd en uitgehongerd, zoals alle anderen, wachtten we in de Région Turquoise op wat de toekomst zou brengen, als er tenminste ooit nog een toekomst was te verwachten. De afstand tussen de vluchtelingen en het militaire front was niet zo klein meer. Op de Franse militairen werd niet geschoten.

Binnen een maand kregen ikzelf en de kinderen twee keer last van malaria. Door slechte hygiëne hadden ze ook last van darmwormen, maar ze leefden nog en dat was het enige wat telde. Karl bleef ongedeerd – hij was alleen afgevallen, zoals de rest van de nog levende bevolking. Toen ik eenenveertig graden koorts had, kreeg ik last van een delirium. Ik woog tweeënveertig kilo en was totaal verzwakt. Naast de oorlog stelde deze ziekte, die een fatale afloop kan hebben bij zwakke mensen, mijn leven op de proef. Ik was bang om te sterven en vond het niet eerlijk dat een natuurlijke dood de oorzaak zou zijn. Het voelde alsof de dood met mij en mijn kinderen zat te sollen. Hij wou ons noch hebben, noch met rust laten.

Diep in mijn hart wist ik dat mijn hele familie overleden was. Niemand had het me verteld. Ik had niemand nodig om mij het slechte nieuws te brengen. Ik voelde het aan en hield het voor mezelf, om alle onzin, discussies, valse troost, hoop, twijfels, rationele raadgevingen en ongeloof te voorkomen. Zo zou ik in ieder geval een eigen moment van bezinning hebben.

Na twee heftige oorlogsmaanden werd er aangekondigd dat de vrede was teruggekeerd. Er was ook nieuws over de naweeën van de oorlog. Er waren ontelbaar veel afrekeningen tussen de bevolkingsgroepen, met fatale afloop. Een mens doden in Rwanda stelde toch niets meer voor. In elk geval: de vijand was weggejaagd en het land was weer begaanbaar. Terwijl sommigen nog op de vlucht waren, waren anderen bezig met de terugkeer naar hun verlaten woonomgeving..

Mijn ziel begon mijn verwanten te zoeken. Ik bewoog dan ook richting binnenland waar mijn familieleden de hele oorlogstijd gebleven waren. Dood. Ik sleepte mijn verzwakte lichaam mee. Mijn geest was allang bij de mijnen teruggekeerd, waar hij thuishoorde.

In de hoofdstad, waar ik woonde en werkte, had de oorlog alles verwoest. Er waren maar weinig mensen die ik kende die waren teruggekeerd van hun schuilplaatsen. Bijna iedereen was op de vlucht geslagen. De stad leek leeg. Ons huis was ook geplunderd. De deuren waren kapotgeschoten en er hadden militaire gevechten in de buurt en in de tuin plaatsgevonden, waardoor de muren van ons huis flink onder de kogelgaten zaten. Een gedroogd lijk lag onder de fruitboom. Volgens de buren, die een paar dagen eerder waren teruggekomen, was het de bedoeling zelf de lijken op te ruimen. Er was geen beschikbare instantie voor dit soort klussen. Ik moest die dode man zelf in brand zien te steken. Zijn lichaam brandde en bleef maar branden, maar opbranden wou het niet.

Daar stond ik dan voor de beschoten deur, de chaos van de oorlog te aanschouwen in mijn eigen huis. Ik durfde niet eens naar binnen lopen.

Zo'n huis zou ook door honden bewoond kunnen worden. Honden die gewend waren geraakt om van mensenvlees te leven. Veel huisdieren waren zwerfdieren geworden en in roofdieren veranderd. Gieren hadden last van obesitas: ze hadden te veel lijken genuttigd.

Ik was bang geworden voor honden die mensenvlees hadden geproefd, maar ook voor de gewone mensen die dit monsterlijke gedrag konden vertonen.

KOUD LAND

Begin september 1996 kwam ik aan op Schiphol. Voor de eerste keer in mijn leven voelde ik een echte koude wind. Maar de kou maakte niets uit: ik was gered van oorlog en ellende. Ik mocht, in het kader van gezinsvereniging, mijn man volgen in het land der blanken. Ik had gehoord dat het in Europa de enige taak van ieder mens was er gewoon te zijn en te genieten van intens geluk. Eten en drinken was er voor iedereen in overvloed. Alle kinderen waren gezond en gingen naar school. Alle volwassenen hadden huizen, auto's, water en stroom, en waren volkomen gelukkig. Bovendien was Europa overal mooi en schoon en in de steden kon je de hele dag lopen zonder een stuk grond te zien, want de oppervlakte was netjes betegeld. Dat vond ik geen mooi vooruitzicht – een stukje grond en wat groen zouden juist mijn woonplezier vergroten. Maar ik zou me aanpassen en dankbaar zijn voor wat ik krijgen zou. Wat kon de kou voorstellen in een land waar de rest tot in de kleinste puntjes netjes was geregeld? Ik wou hier zijn, in dit land, ook al was het zo koud, ook al wist ik er niets van. Ik zou een jas kopen, sokken en mutsen dragen en verder zorgeloos genieten van mijn resterende levensjaren, als bonus.

In de bus van VVN (Vereniging Van Vluchtelingenwerk) kon ik mijn ogen niet van het superbe platte landschap afhouden. Alles, maar dan ook echt alles vond ik mooi. De huizen, de groene begroeiing, de rode bieten en het maïs die nog geoogst moest worden, de vele auto's op de mooie wegen met schoon asfalt. In de meeste auto's zat maar één persoon en ik vroeg me af of het niet gezellig zou zijn om mee te rijden, zodat ze iemand hadden om mee te kletsen. De files vond ik het mooist op mijn eerste dag in dit land, want ik kreeg de tijd alles waar te nemen waar wij langs reden. Ik had geen haast, blijkbaar als enige in dit land, dat mijn nieuwe land zou zijn.

Aangekomen in het asielzoekerscentrum Op de Bies trof ik de zogenaamde slaapkamer van mijn man en vijf van zijn vrienden. Nou, wat een klein hokje! Alle bedden in de slaapzaal stonden op een rij, slechts gescheiden door een scherm. Ik begon te twijfelen of iedereen in dit land inderdaad echt gelukkig was. Hoe kon je gelukkig liggen op zo'n slaapzaal van zes mensen? Dit was erger dan de slaapzalen op de internaten in Afrika, waar de meesten toch mooie jaren hadden doorgebracht tijdens hun middelbare schooltijd. Daar was er tenminste niet de illusie geweest van ultiem geluk, en daarom werden de middelbare schooljaren de gelukkigste van hun leven genoemd.

Maar goed, ik was in Europa waar men verder moet leven zonder zorgen. Ik had helemaal nog geen reden te gaan twijfelen aan dit zalige bestaan. Bovendien was ik ontsnapt aan de armoede en honger in Afrika en had ik geen recht om te klagen. Europa. Het Westen. Koud of niet, Europa was een plek met hoofdletter P. Hoe kon ik al zo vroeg gaan twijfelen aan mijn gastland waar ik net aangekomen was?

De volgende dag mocht mijn Nene, mijn vierjarige dochter, naar school. Ik gaf haar een appel mee voor de lunch. Van anderen had ik gehoord dat je dat hier hoort te doen. De appel had mij al in Afrika flink verleid, maar ik mocht er alleen naar kijken en niet aankomen: het was exclusief voor rijke kinderen. In het rijke land dat mijn eigen land zou zijn, kon ik zoveel appels eten als ik zelf wilde.

Tussen de middag kwam mijn dochtertje uitgehongerd terug thuis. In het Swahili vroeg ik haar hoe de eerste schooldag was. Met de kinderen praatte ik in het Swahili; met mijn zus Zara zowel Swahili als onze moedertaal; met Karl in onze moedertaal en in het Frans. De communicatie tussen Karl en de kinderen was de eerste weken in het land even zoeken, want ze spraken geen moedertaal meer en Karl geen Swahili. Ik heb nooit zoveel talen gehoord binnen één gezin.

'Habari Nene?' (Alles goed, Nene?)

'Muzuri mama.' (Alles goed, mama)

'Huendi shule? Sawa?' (Hoe ging het op school? Goed?)

'Hapana mama, sikuri kitu!' (Nee, mam. Ik had niets te eten!)

'Na appel?' (en die appel dan?)

'Ni ngumu kabisa mama, siyitaki pia.' (Hij is te hard, mam. Ik wil hem niet meer)

'Kejo nitayikata kidogo.' (Morgen snijd ik hem in kleine stukjes)

'Kabisa mama, asanti.' (Goed mam, dank je)

Nene had echt geprobeerd in het fruit te bijten, maar dat wilde niet lukken – ook omdat ze haar melkvoortanden net was kwijtgeraakt. De volgende dag heb ik hem netjes geschild en in stukjes gesneden. Ik had mijn eerste les geleerd: ik zou me voortaan weten aan te passen en corrigeren wat niet altijd lukte. Ik moest dit fruit eten en het de kinderen leren eten.

Ik had gehoord dat ik de nationale taal zou moeten leren, en die heette 'Dutch', hoewel ik dacht dat Duits net hetzelfde betekende. Ik zou 'hallo' zeggen, of 'dag' om mensen te groeten, of 'goedemorgen'. Dat laatste woord vond ik een marteling, en ik zou het nooit kunnen onthouden. Stiekem besloot ik iedereen die ik tegenkwam in het asielzoekerscentrum en daarbuiten te groeten, om even te checken of het werkte. Ik had gehoord dat mensen in Europa elkaar niet groeten, want ze hebben altijd haast of kennen elkaar niet. Ik kon er ook niet op zitten wachten tot ik iemand zou tegenkomen die ik kende, dus ik besloot ze gewoon allemaal te groeten. Als je je mond niet durft openen, kun je het leren van de taal wel vergeten. Telkens als ik iemand begroette en hij of zij groette terug, hoorde ik geluiden en klanken en ik dacht: 'Is dit de taal die ik moet leren!?'

Maar al bij al vond ik de taal mooi, de mensen vriendelijk en het landschap geweldig. Ik had de indruk dat bijna iedereen in het land rookte en snapte ook niet waarom de Nederlander zo kan stressen. Eten en drinken is er in overvloed, iedereen heeft een huis, velen werken en ontvangen een salaris. Ook als je niet werkt, heb je toch elke maand geld. Na een maand in het asielzoekerscentrum had ik het dorp al gezien. Ik ben naar de lokale supermarkt geweest en heb zelfs met de bus boodschappen gedaan bij de Aldi in Heerlen. Intussen was het me duidelijk geworden dat er verschillen waren tussen mensen binnen en buiten het centrum. Op de asielzoeker werd neergekeken. Ik hoorde dat ze stalen in de supermarkt en ze oogden ook niet gelukkig. Sommigen klaagden erover jaren in het centrum te moeten verblijven, of ze werden van centrum naar centrum overgeplaatst. Ze mochten niet werken en moesten op de slaapzaal samen met hun kinderen slapen, ongeacht de leeftijd van de kinderen. Dat waren de eerste tekenen van een hel, terwijl ik een paradijs had verwacht. Nog even afwachten, dacht ik dan. Ik voelde me toch niet ongelukkig, tenminste nog niet. De cultuurschok zou pas later toeslaan.

Wat had ik te klagen! Ik was gered uit het oorlogsland, had eten en drinken, een dak boven mijn hoofd, en de rest zou nog komen. Ik moest mijn eigen geluk leren definiëren en dat van anderen niet najagen. Ik zou anders worden, een Nederlander, en zou niet lijden onder de vreemde omstandigheden. Ik wou de ellende van de opvang niet op mezelf betrekken.

Toch was het gewoon erg vies in het centrum. De toiletten werden bijvoorbeeld niet fatsoenlijk gebruikt, en dat begon mij erg te irriteren. Ernaast pissen of niet doortrekken na een grote boodschap vond ik goor. Sommige mensen daar waren zo verbitterd geworden dat ze geen enkel teken van fatsoen meer wilden vertonen. Ons was ook verteld dat we een huis zouden krijgen, omdat we de verblijfspapieren hadden. We zouden de maatschappij binnentreden om een normaal gezinsleven te beginnen. Alleen leek dat een eeuwigheid te duren. Als je dan vroeg waarom zo'n huis niet werd geregeld, kreeg je niet altijd een fatsoenlijk antwoord. Ik begon te beseffen dat geluk relatief is. Niet iedereen was vriendelijk. Toen ik klaagde over de vieze toiletten, kreeg ik te horen dat het geen hotel was en dat het in Afrika zeker niet beter was.

Na heel lang wachten kregen we een appartement in het midden van het land. Daar was ik natuurlijk heel gelukkig mee. Of het huis mooi was of niet, dat was niet het punt, wél dat ik een eigen toilet zou hebben. Ik zou het zelf schoonmaken, zodat mijn kinderen fatsoenlijk hun behoefte konden doen. Uiteindelijk kon ik ze, zoals het een echte moeder betaamt, trainen om fatsoenlijk een plasje te plegen. Ik hoefde niet meer door te trekken om andermans rectumproduct uit de pot te laten verdwijnen. Misschien werd dit bedoeld met het westerse geluk: het aangename gevoel dat ik had toen wij een appartement kregen.

Heerlijk om weer een eigen huis te hebben. Heerlijk de kinderen in slaapkamers te laten uitrusten en niet meer op een slaapzaal. Heerlijk te leren fietsen. Heerlijk het gevoel te hebben weer een leven te beginnen, maar ook misschien een toekomst te zullen mogen meemaken. Heerlijk privacy tussen man en vrouw. De intimiteit kon weer tot bloei komen na drie jaar onthouding.

De taalschool was mooi en geweldig, maar ik zat daar niet om taalkundige redenen. Ik wilde uiteindelijk aan de bak komen, lekker productief zijn, mijn kinderen opvoeden en meedoen op de arbeidsmarkt, zoals het een vrouw van bijna mijn leeftijd met drie kinderen betaamt. Ik wilde communicatief en praktisch worden. Mezelf staande kunnen houden in de samenleving. Nadat ik een half jaar de Nederlandse taal had geleerd, besloot ik werk te gaan zoeken. Ik had genoeg geleerd en moest nu theoretisch de zaken bekijken en pragmatisch in het leven staan.

Ik was 'infirmière' geweest in Afrika en had nooit wat gehoord over diplomadevaluatie, waarbij een diploma behaald in het ene land ongeldig is in een ander. Ik dacht dat ik hier ook 'infirmière' zou kunnen zijn en alleen de benaming van mijn beroep in mijn nieuwe taal hoefde te vertalen.

Om te solliciteren moet je als buitenlander eerst het niveau van je diploma laten vertalen bij de notaris. Ik liet mijn diploma herwaarderen. Tot mijn verbazing kreeg ik te horen dat ik twee jaar MBO-V (Middelbaar Beroepsonderwijs Verpleegkunde) moest volgen om een diploma te behalen dat mij zou toelaten het ziekenhuis vanbinnen te mogen zien. Deze behandeling is ook geldig voor iedereen uit andere werelddelen dan Amerika, Canada of Europa. Mijn land stond niet op de lijst van de goedopgeleiden. Het leek alsof de westerse wereld zich moest beschermen tegen de derde wereld, terwijl het Westen in Afrika geen enkele bedreiging voor ons vormt. Niet wat betreft het opleidingsniveau.

Ik kreeg het idee voortaan mezelf te moeten ontkennen. Ik was geen verpleegkundige meer, ik was niet meer gediplomeerd, alles moest opnieuw hersteld en hervormd worden om te zijn wie ik ben/was als mens. Dat is een zware taak waarmee je te maken krijgt als vluchteling. Overal waar je komt, bij welke instantie ook, word je geconfronteerd met de vraag: wie ben ik?

De cultuurschok. Ik paste er niet bij, bij het land dat mijn eigen land zou moeten worden. Ik was anders. Ik voelde me ongelukkig, wilde terug, maar had geen plek om terug naartoe te gaan. Ik werd gedwongen hier te blijven en dwong mezelf op de blanken te lijken. Vanbuiten wilde ik het absoluut niet, maar vanbinnen zou het mij zeker lukken.

Volgens het ministerie van Justitie mag je een bezwaarschrift indienen als je het niet eens bent met de herwaardering van je schooldiploma's. Een ding had ik al meteen door toen ik in dit land terechtkwam: er zijn rechten. Natuurlijk heb ik daar ook gebruik van gemaakt.

Hoe ik de moeilijke brief van het ministerie kon begrijpen mag Joost weten. Maar mijn handgeschreven bezwaarschrift werd in behandeling genomen. Binnen een redelijke termijn kreeg ik een uitnodiging van het ministerie van Justitie om over de herwaardering van mijn diploma te praten. In Den Haag werd ik vriendelijk ontvangen door twee ambtenaren die mijn gebroken Nederlands prima konden volgen en mijn frustraties begrepen. Zonder diploma zou ik niet kunnen werken, tenminste niet als verpleegkundige. Zo zit de wet in elkaar. Met twee jaar MBO en teruggaan naar school, daar was ik het niet mee eens. Ik wilde mij wel laten omscholen, maar kon niet aanvaarden dat ik mijn verleden als gediplomeerd verpleegkundige totaal achter mij moest laten. Ik had zieke mensen geholpen, baby's op de wereld helpen zetten, consult gedaan bij moeders met hiv, in hulporganisaties gewerkt. Dat dreigde allemaal tot niets te worden gereduceerd en ik moest het zomaar accepteren, alleen omdat ik in mijn land was overgebleven toen mijn familie omgebracht werd. Ik had hiervoor niet gekozen en voelde me weerspannig. Europa was te hard voor Afrikanen.

Tijdens deze formele bespreking kon ik mijn tranen niet meer in bedwang houden. Ik voelde me verloren in niemandsland. Holland stelde te hoge eisen aan mij, als mens en als professional. Ik had een beroep dat ik niet kwijt wou en wist ook niet hoe het te behouden. Mijn identiteit werd voor de eerste keer op de proef gesteld. Voor de eerste keer in Nederland besefte ik dat ik meer in dit land nodig had dan alleen eten, drinken en niet beschoten worden. Ik wilde meer uit het leven halen dan alleen maar overleven en dankbaar zijn. Ik wilde mijn waardigheid behouden, maar dat ging niet vanzelf. Ik voelde me niet alleen ongezien, maar zelfs ongewenst.

Voor de eerste keer in mijn leven moest ik huilen om mijn bestaan. Mijn bestaan dat niet meer klopte. Wie ik was, wie ik moest zijn en zou zijn: het waren vragen die zich niet eerder in mijn leven hadden gesteld. Deze keer moest ik leren de wereld anders te benaderen. Voortaan moest ik een land zoeken dat mijn natie kon worden – een concept dat in het leven eigenlijk niet hoeft voor te komen. Nergens op de wereld hoeven ouders van pasgeborenen zich af te vragen of hun kinderen een natie hebben, behalve bij de geboorte van een vluchteling. In dit nieuwe land zou mijn leven een andere wending moeten krijgen. Ik zou onvermijdelijk moeten worstelen met de kwesties die mij anders bespaard waren gebleven. Ik zou een nieuw leven moeten beginnen, maar diep in mijn hart zal dit nieuwe leven alleen een verlenging zijn van wie ik hiervoor was en ben geweest.

Na deze emotionele fase van diplomaongeldigheid viel er een periode van stilte tijdens ons gesprek, waarin het tot me doordrong dat ik inderdaad nog alleen via de schoolbanken mijn beroep als verpleegkundige kon hervatten – met een beetje spijt trouwens dat ik de benaming 'infirmière' zou moeten laten vallen, wat mij op mijn beurt deed beseffen hoe erg het voelt als je eigen taal een vreemde taal wordt. Ik was bang dat ik ook van mezelf zou vervreemden. Ik betreurde dat ik ertoe in staat was om zulke gekke gedachten te hebben. Het liefst wilde ik alle veranderingen die mij te wachten stonden, al op voorhand vergeten. Het liefst had ik de hele integratie over mij heen laten komen. In dit stadium wist ik alleen wie ik was. Ik wist niet hoe ik geacht werd te worden en erger nog: ik had geen enkel benul hoe het allemaal zou verlopen. Ik miste zelfstandigheid en onafhankelijkheid. Ik voelde me niet compleet. Wat ik had, wie ik was, was ik aan het kwijtraken: taal, beroep, cultuur, klimaat, natie en alles wat mij vertrouwd was.

Uiteindelijk werd het tijd om afscheid te nemen van de twee ambtenaren, voor wie de tijd niet kostbaar leek. Ze gaven mij de ruimte mijn negatieve gevoelens te beleven. Ze waren bijzonder geduldige gesprekspartners, alsof ze daarvoor getraind waren. Later zou ik nooit meer zulke rustige en oprechte mensen tegenkomen.

Ten slotte gaven de twee hartelijke heren mij de informatie over de hogeschool in mijn regio, waar ik HBO-Verpleegkunde kon volgen. Ik zou kijken of ik het deeltijds kon doen, omdat ik bijna te oud was om nog een studiebeurs te krijgen. Dat ik een HBO-opleiding zou aankunnen, daar twijfelden de heren niet aan. Ik was in hun ogen intelligent genoeg, en niets zou me tegenhouden een dergelijke studie te volgen. Ze vonden me capabel. Ze zeiden het en ik voelde me weer mens. Ja, ik hou dit beeld vast dat deze landgenoten van mij geschetst hebben. Ik heb het nodig, vaak hard nodig in dit nieuwe land, het land dat van mij moest en is geworden.

Toen ik weer buiten was, was ik vooral blij en getroost door deze positieve woorden ten afscheid: 'intelligent, capabel'. De hele rompslomp van diploma's en herwaardering had ik nu afgerond. Ik zou de aangegeven school gaan zoeken en kijken hoe ik verder mijn beroep kon uitoefenen. Sterker nog, ik zou een graad hoger gaan leren om inderdaad aan mezelf te bewijzen dat ik geen idioot was.

Toch vroeg ik me af: hoe idioot ben ik wel niet? Ik kon niet eens fatsoenlijk lezen en schrijven, mijn diploma was ik net officieel kwijtgeraakt, ik had met slippers in de winter buiten gelopen, ik had een gat in mijn oor, en ik had geen eigen land. Vaak werd ik geconfronteerd met de vervaging tussen illusie en werkelijkheid.

Ik leek meer achteruit te leven dan vooruit, alsof er voor mij geen toekomst meer was weggelegd. Als vluchteling was de onzekerheid mijn grootste vijand. Ik was niet dood, maar het leven had ik ook nog niet ontmoet. Het echte leven moest zich nog over mij ontfermen. Het leven dat het mijne moest zijn. Niet het leven van een vluchteling, de toestand die mij overkomen was. Ik miste de warmte in dit koude land dat mijn eigen land zou moeten worden, het land waar ik mezelf weer moest zien te hervinden.

ASIELZOEKER

Het asielzoekerscentrum waar ik samen met mijn man, mijn zus Zara en de kinderen werd opgevangen, bevond zich in een keurig dorp in een kleine gemeente in het zuiden van Nederland. Ik dacht eerst gelukkig te zullen worden, maar mijn leven werd op de proef gesteld. De kleine dagelijkse handelingen waren moeilijk voor de nieuwkomers, dus ook voor mij. De eerste maanden in de opvang leken wel normaal te verlopen, maar dat kwam omdat de bewoners van de opvang andere gewoonten en gebruiken hanteerden dan de 'echte' Nederlanders. Simpele dingen die voor de nieuwkomers indrukwekkend en verbazingwekkend zijn, zullen voor Nederlanders altijd gewoon blijven.

Mijn eerste indruk was bijvoorbeeld dat de prullenbak buiten net zo schoon was als de brievenbus. Ik wist dus op de dag van mijn komst niet waarin ik een brief moest posten. Toen ik stond te twijfelen in welke bak de brief moest, schoot een andere asielzoeker me te hulp. Hij had zelf ook van anderen geleerd de twee bakken te onderscheiden en kon aan mijn gezichtsuitdrukking zien dat ik er ook moeite mee had.

Wat zijn asielzoekers dom, zou je kunnen denken: ze staan een brief in een prullenbak te posten, en een bananenschil deponeren ze heel trots en netjes in de brievenbus.

Trots slaat om in intense verwarring als iemand in een vreemde taal tegen je praat en je er niets van begrijpt. Dan dringt het tot je door dat je er niet bij hoort. Soms had ik last van een schuldgevoel, hoewel ik niets verkeerds had gedaan. Je hebt last van onzekerheid in de meest simpele situaties die je je maar kunt voorstellen: boodschappen doen, betalen, eten en drinken. Je denkt dat je niets goed doet. De gesproken taal versta je niet, je kunt niet schrijven, en soms betekenen de gebaren ook iets anders in de eigen cultuur. Zonder het te beseffen leert de nieuwkomer eerst de non-verbale communicatie te volgen. Die lijkt tenminste discreet en is gelukkig instinctief, op emoties gebaseerd – iets wat alle mensen gemeenschappelijk hebben. Dat geeft de asielzoeker het lekkere gevoel op anderen te lijken. Je praat dus met handen en voeten, en als je geluk hebt, verschijnt er een glimlach op het gezicht van je gesprekspartner. Als die glimlach uitblijft, neemt de onzekerheid toe. Soms sta je ook totaal voor paal, zoals die keer dat Karl en ik een pilsje zaten te drinken in een stamkroeg van homoseksuelen. Ze waren wel erg aardig, alleen: naar ons gevoel klopte er iets niet.

Waren er nog meer van dit soort verrassende scènes te verwachten? Hoe vaak? Hoeveel? En voor hoe lang? Stiekem wist ik dat mijn nieuwe land mij zou laten zweten voordat het zich zo zou laten noemen. Bij die gedachte wordt het gemis van je eigen land en gewoonten intens en pijnlijk. Ik miste de gebruikelijke dagelijkse rituelen van mijn eigen cultuur. In mijn eigen land heb ik nooit dingen moeten leren, zoals de betekenis van iemand in de ogen kijken of de middelvinger opsteken. Lieve, beleefde en stoute gebaren haal je in een vreemde cultuur door elkaar.

Ik kan in het Nederlands iemand een klootzak noemen, maar mijn intonatie haalt er de scherpte toch vanaf. Ik mis soms de emoties van de gesproken taal, maar schrijven geeft mij dat deel terug. Hier kan ik zelf bepalen in welke taal ik schrijf en de facetten van mijn biculturele leven kunnen mijn werk alleen maar rijker maken. Uiteindelijk is mijn nieuwe cultuur, die erg vreemd begon, een aanwinst geworden waar ik heel trots op ben. Wat mij ooit angstig en onzeker heeft gemaakt, is nu een bron van levensvreugde.

Ik hoopte als nieuwkomer dat anderen mij zouden begrijpen en was bang mezelf niet goed genoeg te kunnen uiten in de taal die mij nog totaal vreemd was. Bovendien leefde ik met de vrees dat ik geen regie meer over mijn leven zou hebben zolang ik niet zelfstandig kon communiceren. Ik wou koste wat het kost de Nederlandse taal zo snel mogelijk machtig zijn, anders zou ik mezelf verliezen. Tot nu toe had ik de ander nooit laten bepalen wat ik wilde worden. Als asielzoeker kwam ik hier aan en het was alsof mijn zelfbehoud me was ontnomen. Om ziek van te worden. Zelfsturing was mijn eerste prioriteit om het gevoel van machteloosheid tegen te gaan. De sleutel voor het succes.

De dag dat ik alleen met de bus van het asielzoekerscentrum naar Heerlen durfde om de omgeving te verkennen verliep ook niet vlekkeloos. Ik had keurig mijn strippenkaart bij de lokale supermarkt gekocht en stond op tijd netjes te wachten bij de bushalte. De aardige chauffeur stopte voor mij. Ik stapte in. Er zaten andere reizigers in de bus, ieder netjes op een eigen bank, terwijl er ook banken voor twee personen waren. Mijn eerste indruk in de bus was dat mensen in Nederland het misschien niet leuk vinden om naast elkaar te zitten. In Afrika was ik het juist anders gewend: daar vertoont men altijd en overal zijn sociale eigenschappen. Men zoekt de ander op, maakt contact en voelt zich daardoor prettig. Hier leek het andersom te zijn. Zouden de busreizigers zich misschien juist goed voelen door afstand te bewaren? Ik wist het niet, en eerlijk gezegd weet ik het tien jaar later nog steeds niet. Ik heb altijd gedacht dat de mens een sociaal wezen is – zo heb ik ook liever iemand naast mij op de bank dan de televisie aan.

In de bus naar Heerlen nam ik dus ook maar een plaats apart. Ik moest anderen imiteren. Als asielzoeker heb ik dit geleerd: als je niet weet wat je moet doen, kijk naar de rest en doe wat zij doen. Spontaan in het openbaar vervoer gesprekken op gang laten komen als momenten van plezier, dat bestond hier niet. Ik vond het een ramp. Onderweg begon ik in ieder geval tegen anderen te glimlachen. Sommigen glimlachten terug, anderen keken de andere kant op. De rit vond ik erg lang duren.

Op de terugweg bewonderde ik het schitterende landschap tussen Heerlen en Op de Bies. In plaats van menselijk contact te zoeken keek ik lekker naar de natuur. Het uitzicht fungeerde als verzachtende factor, en de terugreis werd een stukje aangenamer. Ik zag mannen bezig met tuinieren. De was hing buiten te wapperen in de warme wind. Er hingen mooie gordijnen voor de brede schoongewassen ramen en ik begon te dromen over een huis dat straks aan mij en mijn familie zou worden toegewezen. Ik wilde een huis, een tuin en buiten een heel lange waslijn. Ik had gehoord dat er in Europa zulke hoge gebouwen bestaan dat je er de grond niet kunt zien. Ze zouden op een immense luciferdoos lijken. Er konden veel mensen in, en die hadden geen contact met elkaar. Ik wilde er niet wonen, maar als asielzoeker heb je niets te willen.

Uiteraard hoopte ik stiekem dat ik niet in zo'n flat zou belanden, want ik wilde toch altijd en overal dit mooie platte land kunnen bezichtigen. Terwijl anderen helemaal gek waren op mijn geboorteland, het Land van Duizend Heuvels, *Le pays des Mille Collines,* was ik opeens gek geworden op een totaal ander platteland, waar je eindeloos tot aan de horizon kunt kijken. Tenminste, als het mooi weer was, maar dat liet meestal op zich wachten.

Zoiets als de dagelijkse prachtige zonsondergang miste ik niet. Ik had die iedere dag in mijn eigen land gezien en heb nooit geweten hoe bijzonder het was. Westerlingen vonden de zonsondergang zo romantisch, terwijl ik hen erom uitlachte. Ik wist niet precies wat ze ermee bedoelden. Ik was niets anders gewend dan dat de zon dagelijks opkomt en ondergaat. Wat was daar zo romantisch aan? Romantisch, dat vond ik bijvoorbeeld een stukje chocolade uit de westerse supermarkt. Het was duur en niet iedereen kon het kopen, en bovendien was het een geïmporteerd product. Dat was juist anders en maakte indruk op mij. Toen Karl mij zo'n stukje chocolade gaf en vroeg of ik met hem wilde trouwen, heb ik 'ja' gezegd. Later zou er geen ander stukje meer komen. In Afrika kan chocolade dus zo duur zijn en de vrouw zo goedkoop.

Weten welk nummer van de bus ik moest nemen betekende nog niet dat ik wist waar de bus stopt, laat staan hoe je hem moet laten stoppen.

De buurt van het asielzoekerscentrum kon ik herkennen aan de kerk, de lokale supermarkt en een postkantoor. Zo wist ik ook dat ik bijna bij Op de Bies was aangekomen. Waar ik helemaal geen benul van had, was wanneer en hoe je de bus moest laten stoppen. De heenrit was simpel, want ik ging tot de eindhalte. Nadat ik de kerk had gezien, begon ik de chauffeur met handen en voeten duidelijk te maken dat ik eruit moest. Hij keek me hautain aan en reed rustig door. Ik had steeds meer schrik dat ik naar ergens anders in het land vervoerd zou worden, waar ik de weg terug naar het asiel niet zou vinden. Ik opende mijn mond en in gemengde talen begon ik de chauffeur duidelijk te maken dat ik eruit moest. Het deed me weinig dat ik de aandacht trok van andere reizigers, die zich duidelijk verbaasden over hoeveel herrie de mens verbaal kan produceren. Uiteindelijk stopte de chauffeur toch bijna op de door mij bekende bushalte, die niet ver weg leek van mijn gebruikelijke halte. Hij keek me boos aan en ik snapte niet echt wat ik verkeerd had gedaan. Hij had zo'n rood hoofd dat ik dacht: *deze mensen lijken op kameleons, ze veranderen zomaar van kleur.*

Aan zijn gezichtsuitdrukking te zien had de buschauffeur het in de gaten dat ik niet wist hoe je laat zien uit de bus te willen stappen. Met name netjes op de rode knop drukken even voor je de gewenste bushalte bereikt, zodat er voldoende tijd is voor de chauffeur om te remmen. Maar hij was het misschien zat altijd die asielzoekers te vervoeren die niet eens wisten hoe de stopknop werkte, terwijl iedere kleuter het kon.

Zo kwaad werd de chauffeur op mij, disproportioneel vond ik, omdat ik wat herrie in de bus had laten horen. Toen hij stopte, mompelde hij woorden die ik gelukkig niet kon verstaan. Aan zijn non-verbale communicatie kon ik merken dat ik me totaal niet naar behoren had gedragen. Ik wilde me excuseren, maar wist niet hoe dat moest in de taal die mij nog vreemd was. Het feit iets niet te weten vond ik niet erg, maar onbeleefd te lijken in mijn gastland kon ik moeilijk verdragen. De andere reizigers zullen hebben gedacht dat ik geen opvoeding had gekregen in mijn eigen land. Na dit incident wist ik zeker dat het mij zwaar zou vallen om me deze cultuur eigen te maken.

Eindelijk was ik uit de bus. Ik heb even om me heen gekeken en met bonkend hart de omgeving onderzocht, op zoek naar enkele herkenningspunten van mijn asielzoekerscentrum. Ik moest er niet aan denken te verdwalen in een land waar ik de taal niet spreek, mensen niet naast elkaar zitten en de chauffeur tegen je schreeuwt. In een mum van tijd zag ik andere gekleurde mensen. Lekker veilig tussen mijn lotgenoten, de asielzoekers van Op de Bies 15. Ik voelde me helaas weer thuis, daar waar er geen thuis hoort te zijn. De wereld buiten voelde niet echt veilig, en dat was eng. Ik moest zo snel mogelijk uit dat centrum zien te komen. Ik was niet gevlucht om weer te komen schuilen.

Na een paar weken in het asielzoekerscentrum begreep ik dat de kloof tussen de asielzoekers en andere mensen immens was. Ik was erachter gekomen dat we niet gewenst waren in de buurt, vanwege allerlei stereotiepe vooroordelen. Wij stalen. Wij spuugden op straat. Wij hadden andere gewoonten en gebruiken, en Joost mag weten hoe lang die lijst is.

Ik schrok ook van de bewoners van het centrum zelf. Zo veel problemen, zo veel ellende. Ik had er nooit eerder bij stilgestaan dat de wereld zoveel oorlogsgebieden heeft. Bijna al deze mensen hadden iets gemeen: ze waren door de oorlog uit hun veilige bestaan verjaagd. Iedereen in het asielzoekerscentrum was ook chagrijnig. Het leek een plek waar iedereen in een oceaan van problemen zwom. Ik vroeg me af of het voor sommigen een goed idee was geweest hun land te verlaten. In mijn geval was er geen twijfel geweest. De media had de burgeroorlog in mijn eigen land tot in de kleinste details aandacht gegeven. De hele wereld had meegeleefd. Ik moest alleen even wachten en ik was een politiek vluchteling.

Maar er waren ook andere vluchtelingen: sommigen waren naar deze kant van de wereld gereisd op jacht naar een beter leven in economisch opzicht. Dat vertraagde de procedures van de 'eerlijke' gevallen, want iedere casus moest nauwkeurig en zorgvuldig worden uitgeplozen. Ondertussen moest iedereen dan in erbarmelijke omstandigheden leven. Jarenlang in een asielzoekerscentrum verblijven brengt het ergste in de mens naar boven.

Op een bepaald moment werd mijn verblijf daar ondraaglijk. De dagen waren eindeloos lang en eenzaam. De kinderen leken een prettig leven te hebben: zij gingen naar school of naar de crèche, maar de ouders konden geen kant op. Ze hadden geen geld, geen moed en geen doel. Ze kenden geen mens, geen land, en mochten niet werken.

Sommigen noemden het centrum een concentratiekamp. Ik moest er niet aan denken dat ze gelijk hadden. Ik was niet door de kapmessen omgebracht en wilde al helemaal niet herinnerd worden aan het 'gaseffect'. Ik was de fatale confrontaties en insinuaties zat. Ik wilde niet weer allerlei gruwelijkheden in mijn hoofd toelaten. Uiteindelijk ging ik af en toe naar de bibliotheek om de krant te zoeken en proberen te kijken hoe de geschreven Nederlandse taal eruitzag. Ik probeerde de teksten uit de krant over te typen op de computer, maar dat was een hele opgave. Het valt niet mee een tekst te schrijven die je niet kunt lezen. De ogen en handen doen niets zonder samenwerking met de hersenen.

Alles om me heen was deprimerend. Zelfs het personeel behandelde ons niet altijd vriendelijk. Het leven daar deed me soms denken aan slavernij. Ongelijk, onrechtvaardig, onmenselijk, onacceptabel. Ik begon te twijfelen aan het geluk in Europa. Maar hoe somber mijn gedachten ook waren, hoe slecht de situatie ook was, ik kon ze niet vergelijken met de angsten die ik tijdens en na de oorlog had beleefd. In mijn hart was er altijd ruimte voor dankbaarheid en een beetje hoop op een constructieve toekomst. Toch wel. Een klein licht aan het eind van de tunnel.

Zo waren er dagen dat ik mijn somberheid, mijn wensen en mijn toekomstige plannen toch meedeelde aan de sociale begeleiders in het asielzoekerscentrum. Ik gaf bijvoorbeeld aan dat ik het zat was daar meer dan acht maanden te blijven zitten en niets te doen, in afwachting van een normale woning die in hun ogen nog niet te vinden was, terwijl wij al de juiste papieren hadden gekregen. Ze zullen wel gelijk hebben gehad, maar zelf vond ik deze vertraging en het leven in onmenselijke omstandigheden schadelijk. Vooral voor mijn kinderen die nog baby's waren en een normaal levensbegin verdienden, al was het maar een toilet waar ik ze fatsoenlijk en hygiënisch kon laten zitten. Ik had nooit verwacht dat dit soort kleine dingen, die toch de basis van een echt leven vormen, juist in Europa kunnen ontbreken. Binnen een asielzoekerscentrum moet je uiteraard niet de vergissing maken te denken dat je Europa bereikt of gezien hebt. Jammer genoeg zijn er mensen die meer dan vijf jaar verbleven in zo'n kamp en daarna gefrustreerd en verbitterd door het leven gingen.

Vaak werd de onwetendheid me te groot. Altijd en overal had ik te kampen met het probleem dat ik de juiste gewoonten en gebruiken niet kende. In de supermarkt kon ik alleen halen wat ik kende. Ik kon dus maar een beperkt assortiment klaarmaken, en dat frustreerde mij. Op een dag besloot ik mijn vriendin in Parijs te bellen om een culinair rampenplan te ontwikkelen.

'Bonjour, Gratia, ça va?'
    'Oui, très bien Martha, c'est comment en Hollande?'
    'Oh, het is hier zo mooi, het landschap, het gevoel veilig te zijn, geen zorgen over school voor de kinderen of wat er allemaal kan gebeuren als wij ziek worden. Enfin, ik ben van plan mijn leven weer op te pakken op alle fronten, en het kan, het kan hier, Gratia.'

Ik klonk optimistischer dan ik in het echt was.

'Oh, ik ben zo content voor jullie.'
    'Alleen, ik heb een klein probleempje.'
    'Laquelle?'

'In de supermarkt, Gratia. Ik ben niet gewend aan blikproducten. Ze zijn halfgaar. Meestal weet ik niet precies wat de inhoud is en hoe ik het moet bereiden.'

'Oh, ma chérie, c'est logique. Je moet de taal nog leren en bij jullie is alles vers. Voilà, je kunt je op dit moment beperken tot wat je kent, zoals boontjes, worteltjes, doperwtjes, spinazie en dergelijke. De verse producten zijn lekkerder, maar ook duurder. In de loop van de tijd zul je leren ook van het nieuwe eten te houden.'

'En die conserveringsvloeistof dan, is het geschikt voor consumptie of moet ik alles netjes weggieten? De bruine bonen bijvoorbeeld stinken een beetje. Aan de prijs zal het niet liggen, wij doen hier niets en krijgen toch geld!'

'Ja, zo gaat het, schat. In Europa zorgt de staat voor degenen zonder mogelijkheden.'

'Ik ben blij dat we hier zijn, maar ik wil wel werken voor mijn geld. We zijn sterk en gezond en hoeven die liefdadigheid niet langer dan nodig is te ontvangen.'

'Prima. Maar eerst even bijkomen. Jullie hebben een vermoeiende periode achter de rug.'

'Tu as raison. Ik wil er niet aan terugdenken. Nu weer over het eten praten.'

'Écoute, Martha, sommige mensen vinden die vloeistof in het blik lekker, anderen niet. Ik geloof niet dat jullie het lekker zullen vinden. Gooi het dus weg en bereid de groenten zoals je wilt. Die zijn natuurlijk al gekookt, je zult er niet lang mee bezig zijn. Maak het lekker door ingrediënten te mengen die je herkent en altijd hebt gebruikt, ook bij jou. Maak er een eigen smaak van. Je kunt het.'

'Oké, merci beaucoup. Als ik problemen heb, zal ik je bellen.'

'Et les filles, zijn ze al gewend? Spreken ze al Nederlands?'

'Oh, bij de kinderen gaat alles erg snel. Nene kan al fietsen, ze spreekt geen Engels meer op school, ze kan nu Nederlands, terwijl we hier nog geen maand zijn. Ongelooflijk hoe snel de kinderen kunnen leren. Ze zit in groep één en is erg blij naar school te gaan. Hier is de basisschool anders dan bij ons. Acht in plaats van zes jaar. In ons opvangcentrum zijn er erg veel kinderen. Ze spelen veel met elkaar, ze begrijpen elkaar en lijken geen probleem te hebben.'

'Excellent, ik wil graag nog Nene en Pepe zien en natuurlijk Hannah de kleine Keniaan.'

'Dat zal ook niet meer lang duren, Gratia. Zodra we ons kunnen organiseren, komen we jullie bezoeken in jullie mooie Parijs. Jullie kunnen toch niet eerst komen, want we hebben nog geen huis, geen eigen plek, en dat is erg gênant.'

'Jullie zijn meer dan welkom.'

'Oh, ik hou erg veel van Europese steden en wil ze allemaal zien. Al die mooie verhalen die ik erover heb gelezen en gehoord wil ik beleven.'

'Het zal je lukken, ma chérie, eerst bijkomen, de weg vinden in jullie nieuwe land en verder zul je zien hoe je weer gelukkig kunt zijn. Het is mogelijk. Voordat ik het vergeet, hoe gaat het met je zus Zara? Doe haar de groeten.'

'Zara, oh mon Dieu, zal ik doen. Haar leven kan niet meer kapot. Nu ze aan de dood ontsnapt is, gaat ze het maken. Ze is nu al bezig met het zoeken naar een manier waarop ze haar opleiding aan de universiteit kan afmaken. Ze wil een spoedcursus Nederlands volgen, ze is zo enthousiast en zo gemotiveerd. En ik vind het geweldig. Zelf wil ik haar nu graag loslaten, ze heeft mij zo veel geholpen in Kenia en ik zal haar nooit dankbaar genoeg kunnen zijn. Ze verdient het nu op zichzelf te gaan leven, ze is al een madame.'

'Ma chérie, jullie zijn allebei fantastisch, excellent, jullie doen het zo goed, on vous aime.'

'On vous aime aussi, Gratia, doe de groeten aan iedereen.'

'Toi aussi, au revoir. Ton appel c'était magnifique.'

'Ik vond jou ook fantastisch, Gratia. Merci, au revoir.'

Iedereen dacht aan onze bescheiden intelligente Zara. Wie had gedacht dat ze ooit in staat zou zijn haar universitaire opleiding af te ronden en als bankier aan het werk te gaan bij een van de grootste banken van ons nieuwe land? Ik zal altijd trots zijn op mijn kleine zusje, die mij in alle opzichten overtreft.

ARM MAAR GELUKKIG

'Wat wil je later worden?', vroeg onderwijzeres Marie-Anne aan ieder van mijn klasgenoten in groep zeven. Ze was bezig met een beroepsprofiel – iets wat in Afrika eigenlijk niet echt bestond. Daar wordt het leven aanvaard zoals het komt. Men is niet bezig met het bruto nationaal product te meten, en het bruto nationaal geluk is ook niet eerlijk verdeeld. Maar het voelt meestal prettig. Veel mensen zijn arm maar gelukkig.

'Mammea', antwoordde mijn klasgenote Rose. Een keuze die respect bij me opriep. Want moeder-overste betekende dat je andere nonnen zou moeten begeleiden en je een leven lang in zo'n mooie, bijna heilige jurk – net geen boerka – zou rondlopen. Het klooster zou je thuis worden. Als je een non werd, koos je voor soberheid, liefde en celibaat. Liefde voor de minderbedeelden en zieken, maar de liefde zou je nooit mogen bedrijven. Kortom, Rose koos voor zorg, educatie, celibaat en consecratie van haar hele leven aan God Allemachtig. Rose had lef. Ze moest haar maagdenvlies levenslang in ere houden. Maar ach, zo serieus zou Rose op die leeftijd toch ook niet zijn? Haar keuze vond ik nogal gewaagd voor iemand die, volgens de sociale controlebronnen, al seksueel actief was op haar twaalfde. Ze was al een paar keer gesignaleerd in de struiken onderweg naar de waterput. Hoe zou ze de dag van het maagdenonderzoek overleven bij de kloosterselectie? Hoe zou ze de strenge beoordeling overleven van de eigen moeder-overste voordat ze de kans kreeg haar te vervangen? Rose had gewoon lef.

Als bijna twaalfjarige was ik niet bezig met God. Eigenlijk ook niet met mezelf. Ik was gewoon een kind, at, speelde buiten – alleen buiten, want binnen werd er niet gespeeld. Je kon van alles laten vallen in de slecht verlichte Afrikaanse huizen waar men afhankelijk is van de zon als enige lichtbron. Na school en in mijn vrije tijd ging ik water halen en deed andere klusjes voor mijn moeder en mijn oma. Ik zou een kind blijven tot de dag dat ik een wees werd, toen de volwassenheid mij zonder een weg weer overviel.

Nadenken over wat ik later zou worden, dat was nog niet in mij opgekomen. Ik was dan ook helemaal overdonderd door het antwoord van Rose. Ze stond verder dan ik in het leven. Mijn ouders en mijn familie waren alles wie ik was en later bestond eigenlijk niet echt voor mij.

Misschien zou ik mijn toekomst niet in de hand hebben nu ik geen enkel idee had welk beroep ik zou moeten kiezen. Onderwijzeres leek mij wel wat, maar de kans om in een grote stad te gaan werken was klein, wat dit werk bij mij gelijk onsympathiek maakte. Ik wilde later de wereld zien. Misschien in een huis leven met water en stroom. In elk geval iets moderner dan thuis, ja, dat wou ik later.

Dokter worden leek me ook leuk, maar ik vond ze een beetje aan de arrogante kant. In het ziekenhuis moesten verpleegkundigen hen bijna bedienen. Dokters deden alleen belangrijke taken, en ik dacht net dat misschien simpele dingen er voor zieken toe doen. Verpleegkundige vond ik daarom een geweldig beroep. Ze droegen mooie jurken en mooie petjes. Ze waren allemaal mooi in hun uniform en werden door iedereen bewonderd. Ze liepen netjes in een rij en zaten bescheiden in hun rangen in de kerk, met nonnen aan de zijkanten zodat ze geen jongens konden aankijken. Die nonnen waren er toch gevoelloos voor. Als ik naar het ziekenhuis moest, vond ik verpleegkundigen niet echt eng, terwijl ik doodsbenauwd werd van doktoren. Die kwamen alleen als het niet goed met je ging. De verpleegkundige staat dichter bij de zieke persoon, praat met hem, raakt hem aan. Dat wou ik ook uitstralen: een soort hoop voor de zieken. Diep in mijn hart begon ik stiekem van dit beroep te houden, dat mij zou toelaten levenslang mezelf te zijn. Mensen helpen, van mensen houden, eenvoudig blijven en misschien de dokter zijn eigen handdoek laten vasthouden.

Ik wist wat ik later wou worden: verpleegkundige. Vanbinnen was ik het al. 'En jij Martha, wat word je later?', vroeg Marie-Anne, die ook mijn aanstaande schoonzus was. Ze was verloofd met mijn broer Bon die op dat moment in Frankrijk was om te promoveren als ingenieur.

'Ingenieur', zei ik. Ik gaf dat antwoord om haar te laten blozen, voor zover zwarte mensen kunnen blozen. Mijn doel was bereikt: ze was in verlegenheid gebracht en begon te lachen. Enerzijds had ik geen zin mijn geheim over wie ik later werkelijk wilde zijn, te verklappen; anderzijds vond ik zo'n stoer beroep als ingenieur, dat vooral voor jongens bestemd was, een pracht van een gedachte. Alleen durfde ik dat typische mannenberoep niet aan. Zo'n beroep als ingenieur was voor vrouwen niet expliciet verboden, maar wel erg onconventioneel.

Tijdens de rest van de les merkte ik dat veel klasgenoten al de angst hadden geroken over deze directe vraag: 'Wat wil je worden?' Wat konden ze in Godsnaam worden? De meeste Afrikanen weten niet eens wie zij zijn, laat staan of ze nog wat zouden kunnen worden. Ze zijn simpelweg wie ze zijn.

De meeste kinderen, intelligent of niet, belandden na de basisschool weer in de armoede, terug bij hun ouders. Ze bewerkten samen met hen een klein stukje grond zonder dat er genoeg uit te halen was voor hun basale levensbehoeften. Velen zouden nooit hun geboortedorp verlaten en nooit weten dat er iets als intelligentie bestaat, laat staan dat ze het zelf bezaten. Op de vraag wat ze wilden worden, antwoordden ze meestal 'boer'. Dat was meestal ook wat de ouders deden. Er was geen ruimte om een eigen beroep te kiezen en er waren ook weinig voorbeelden waaruit het kind op het platteland kon kiezen. Behalve de leraar die daar een beter leven leidde, en enkele broeders en zusters, waren er geen beroepen die de kinderen konden helpen als referentiekader op het platteland.

Ondanks de armoede om me heen kon het Land van de Duizend Heuvels ons, het volk, toch veel voldoening schenken. Het is er altijd mooi weer, iedereen gaat met iedereen om, de warmte, de ruimte, het buitenleven, de gastvrijheid en stevige familiebanden zijn ons echte goud. Onze welvaart. Ons geluk.

Op de vraag of de armoede pijn doet, zou ik zeggen: 'nee'. Het is ook maar betrekkelijk. Natuurlijk heeft de een er meer last van dan de ander en zijn er mensen die onder de ergste armoedegrens moeten leven met nauwelijks eten en drinken en geen toegang tot gezondheid en educatie. Bij deze straatarme mensen doet armoede natuurlijk pijn, want ze zijn niet in staat echt te leven. Ze zijn fysiek en mentaal door de armoe beschadigd, uitgeput en kunnen er zelfs van doodgaan. De rest van de bevolking die zich met minder kan redden, leeft redelijk in harmonie en misschien ook gelukkig, hoewel ik niet precies weet in hoeverre de band tussen geluk, armoede en welvaart bestaat. Je moet beide zelf meegemaakt hebben om een oordeel te kunnen vellen. Ik heb beide ervaren. De mate van geluk hangt bij mij niet samen met mijn economische toestand.

Geluk kan ook om bijna niets gaan. Als kind genoot ik enorm van klusjes doen bij oma. Water halen was soms een intens moment van plezier, vooral als ik met mijn buurmeisje, mijn beste vriendin, meeging. Dan hoefde mijn moeder niets te vragen. Ik voorzag haar van zo'n grote watervoorraad dat ze geen recipiënt meer over had om het te bewaren. Op zo'n moment was iedereen gelukkig.

In mijn dorp werden karweitjes gezamenlijk gedaan, zoals brandhout zoeken of op de akkers werken. 's Morgens, voor ik naar school vertrok, had ik een lijst van te verrichten werkzaamheden om de taken van mijn moeder te verlichten. De manager van het gezin, zo werd ze genoemd.

De hoogste titel thuis was van haar. Ze was een soort minister-president en bestuurde de boel uitstekend.

Het huis schoonmaken, voor de dieren zorgen, voor de broertjes en/of zusjes zorgen, eten halen dat nog klaargemaakt moest worden: het zijn de taken waarmee het Afrikaanse kind opgroeit en waarin het een expert wordt. Elektriciteit en water uit de kraan waren bij mij thuis niet bekend, en zo maakte ik tijdens mijn jonge jaren geen kennis met deze tekens van het moderne leven. Achteraf heb ik hier ook niets van gemist.

Soms denk ik met groot plezier terug aan mijn Afrikaanse kindertijd en aan de momenten waarop sommige mensen er modern probeerden uit te zien, bijvoorbeeld op hun trouwdag. Zo was het een ongeschreven regel dat een paar niet zonder schoenen zijn trouwdag kon vieren. Met blote voeten kon je je dus niet in de kerk of het gemeentehuis vertonen op je eigen trouwdag. Je moest je juist van iedereen onderscheiden. Schoeisel kon je je hele leven probleemloos missen, maar op de trouwdag moesten ze gewoon worden aangeschaft. Zo hoorde het. Hoe hoger de hakken van de bruid, hoe moderner. Niemand dacht erover na dat de gelukkige dame nooit op schoenen had gelopen, laat staan op hakken geoefend. Zo hoorde het nu eenmaal.

Soms werd de eerste zoen ook op zo'n grote dag uitgewisseld – ik bedoel de allereerste zonder eerder iemand te hebben gezoend. Nou, beter amusement was er niet te vinden in het dorp waar een trouwdag plaatsvond. Zo'n spektakel wilde natuurlijk geen enkele dorpsbewoner missen, en wij gingen allemaal het bruidspaar bewonderen, waar ze ook kwamen langs lopen. Ja, lopen, lange afstanden, kilometers lopen naar en van kerken en gemeentehuizen. Er waren geen auto's om de gelukkigen te vervoeren, soms ook niet op hun grote dag. Dat maakte ook niets uit. Niemand miste het.

Door de schoenen kon er geen stap worden gezet, en het werd algauw de taak van de bruidsmeisjes om de schoenen in de hand vast te houden en er zo mee verder te lopen. Daarna werd de reis voortgezet op getrainde blote voeten. Lopen op blote voeten was gewoon praktischer en men had er ervaring mee. Toch zag je liever een bruid met de schoenen in de hand dan helemaal zonder.

Het was ook op die manier dat de status in stand werd gehouden door nog meer moderne dingen te laten zien bij festiviteiten. Zo begonnen iets beter bedeelde bruiden bijvoorbeeld bedlakens mee te nemen en dezelfde avond hadden ze ruzie met de kersverse echtgenoot die geen bed had. Hij kon zich gepasseerd en gefrustreerd voelen. Zo'n stro-ophoping die de lieve tante had gemaakt, stelde in de ogen van de bruid niets meer voor vergeleken met moderne matrassen, wat als belediging kon overkomen. De huwelijksnacht begon met worstelen. Als de bruidgom het voor mekaar kreeg de bruid op de grond te krijgen, werd de liefde bedreven, anders nog even niet. Sommige mannen met fysiek sterke bruiden hadden wekenlang pech. De bruid niet: zij had haar moment van trots gehad. Maar voor de man was dit een echte ondergang. Hij zou de rest van hun huwelijk met minderwaardigheidscomplexen kampen. De ongeschreven regel voor jongens was: 'Zoek de bruid uit die je aankan en vergis je niet, het is voor het leven!'

Het kwam weleens voor dat deze onschuldige mensen op het platteland naïef leken. Op zevenjarige leeftijd bijvoorbeeld hoor je te weten wat je naam is, hoe je ouders heten en wat je dorpsnaam luidt. Voor sommige kinderen waren deze basisgegevens een hele opgave.

Nu moet ik aan mijn buurjongen terugdenken. Voor zijn eerste schooldag had hij nooit de veilige haven van zijn dorp verlaten. Toen op een dag de eindbel rinkelde en hij de bekenden op school niet in de menigte kon vinden, nam mijn brave buurjongen de verkeerde richting naar huis, waar hij natuurlijk niet aankwam. Hij liep en liep en liep maar door. Hij werd na een hele middag lopen in het dorp naast het onze gesignaleerd, en lopen deed hij als een kievit, ook al was hij nog maar acht jaar oud. Toen het donker werd en een volwassene hem vroeg wie hij was en waar hij naartoe ging, barstte hij in tranen uit. Eerder had hij geen traan gelaten, maar wél toen iemand zich om hem bekommerde. De compassie maakte het kind in hem los, het kind dat in een loper was veranderd.

Mijn buurjongen had geen antwoord op de vragen wie hij was. Hij was tot die tijd alleen maar een lid van de gemeenschap geweest. Op de vraag wie zijn vader en moeder waren, antwoordde hij 'papa' en 'mama'. Op de vraag hoe hij zelf heette, zei hij zijn bijnaam. Zijn echte naam had hij niet onthouden. De functie van namen en andere persoonlijke gegevens was er niet in onze gemeenschap. We hadden geen andere identificatie nodig.

De volwassen man nam het kind mee naar zijn eigen huis. Mijn buurjongen kreeg daar eten en drinken en een slaapplek. De nacht was al gevallen en de rest zou morgen komen. De volgende dag, een schooldag, nam de man de vondeling aan de arm mee naar school, de enige centrale school tussen de omringende dorpen. Daar stond de vader van het kind tamelijk onbezorgd te wachten. Hij wist niet waar zijn kind de nacht had doorgebracht, maar verwachtte wel dat hij bij andere mensen onderdak had gevonden. Voortaan sprak ik met mijn buurjongen af dat ik niet meer zonder hem na schooltijd zou weggaan. Zoiets besloot ik zelf en onze ouders waren weer blij en konden verder zorgeloos doorploeteren met het dagelijkse leven. Geen enkele ouder had als taak zijn kinderen naar school te brengen en terug te halen. Dat was de taak van oudere dorpskinderen die dezelfde school bezochten.

Hoewel er heel wat lol kan zijn op het platteland in de derde wereld, is er ook veel ellende. Vanwege analfabetisme leven veel mensen in onwetendheid. Ze sturen hun kinderen op hun beurt niet naar school, weten weinig of helemaal niets over bijvoorbeeld voeding en anticonceptie, en zijn daardoor ook niet in staat de volgende generatie te helpen gezond op te groeien en zichzelf te ontwikkelen op verschillende gebieden.

Ik zal één vrouw niet vergeten die bij me kwam op het consultatiebureau waar ik werkte, een paar dagen voor de oorlog. Ze kon amper haar basisgegevens weergeven. Soms vraag ik me af wat er van haar geworden is, met haar kinderen, haar dikke buik en haar man die zo vaak seks wilde zonder te weten dat hij degene was die haar zwanger maakte.

Ze is mijn laatste cliënt geweest op het consultatiebureau in het Land van de Duizend Heuvels.

'Goedemorgen, mevrouw. Ga zitten.'

'Goedemorgen, zuster.'

'Ik zie dat je zwanger bent. Gefeliciteerd met je zwangerschap.'

'Dank je wel, zuster.'

'Je komt voor het gewicht van je kind, hè?'

'Ja, ik moest komen. Het kind wil niet groeien.'

'Hoe komt dat, denk je?'

'Weet ik niet, het huilt veel en huilende kinderen groeien niet.'

'Krijgt het wel genoeg te eten?'

'Nee, wij hebben zo'n klein lapje grond en er groeit bijna niets meer.'

'Wanneer is het kind geboren?'

'In het vorige regenseizoen.'

'De datum en de maand?'

'Nee, dat is ook weer niet bijgehouden, misschien weet mijn man het.'

'Hoeveel kinderen heb je eigenlijk, mevrouw?'

'Twee dode meegeteld heb ik er zes.'

'Hoeveel zijn er nog in leven?'

'Kas, Lonka en Antoni, en... Bindu, zij is de jongste.'

'Waardoor zijn die twee anderen overleden, als ik vragen mag?'

'Nou, ze kregen last van het boze oog, omdat we geen kippen hadden om te slachten bij hun geboorte. De voorouders waren ontevreden over ons en ze hebben ze meegenomen naar de wereld van de doden. Bij de andere kinderen hebben we kippen geslacht om hun geboorte te vieren. Bij Bindu ook weer niet, hoor. We hadden er geen. Ik ben dus bang dat de voorouders Bindu ook meenemen als ze ontevreden worden. We zijn arm en hebben niets te offeren. We eren ze niet genoeg, dus het is niet zo gek dat we onze kinderen niet mogen zien groeien.'

'De kinderen krijgen dus weinig te eten.'

'We kunnen het gewoon nergens halen. Meestal hebben we inderdaad niet voldoende te eten, laat staan voldoende voor offerandes. Er zijn nachten dat we met een lege maag naar bed moeten. Zo slaap je ook niet, hoor. Eten is het enige beddengoed voor de mens. We kennen wel de consequenties van de boze voorouders, maar ja, mijn man en ik weten ook verder niet wat te doen. De armoede heeft ons wanhopig gemaakt.'

'Vier kinderen, dus, en je bent zwanger!'

'Ja. Daar kan ik niets aan doen. Kijk me niet zo aan! Mijn man wil... altijd, zelfs 's morgens vroeg. Als de haan van de buren kraait, moet ik me als een speer omdraaien, anders wordt hij boos. Maar ja, eerlijk gezegd wil ik het ook net zo heftig als mijn man, hoor. Ik hou hem warm, daar zijn wij vrouwen ook voor, toch! En de kinderen vinden we ook goed, hoor. Aan de ziektes kunnen we toch niets doen. Iedereen houdt toch van eigen kinderen. Niemand wil ze verliezen aan het boze oog. En als ik er eentje verlies, bid ik voor een nieuwe zwangerschap, anders blijf je zo verdrietig.'

'Ja, en... willen jullie al die kinderen dan krijgen? Jullie hebben niet genoeg te eten voor ze, jullie zijn arm, jullie raken ze ook zelf kwijt, maar jullie gaan door met zwanger worden.'

'Ja, hoe moet het anders? Je kent mannen toch? Soms wil hij twee keer per dag en ook als we op de akkers staan te werken. Anders moet ik terug naar mijn ouders. Daar kan ik ook niet terecht, want mijn broers willen mij niet terug hebben. Ze hebben de koe gehad als bruidsschat. Anders moeten ze die weer afstaan. De melk van de bruidsschat is voor mijn neefjes bedoeld en niet voor mijn kinderen. Ik moet bij mijn man blijven.'

'Nou, laten we Bindu maar eerst op de weegschaal zetten. Daarna maken we een afspraak voor de volgende keer, als je wilt. Dan zal ik je iets vertellen over hoe je een zwangerschap kunt voorkomen. Het is misschien beter dat ik bij jou thuis kom, want zo'n lange afstand lopen kun je ook niet meer met een kind op de rug en het andere in de buik.'

'Goed, zuster. Ik ben inderdaad hoogzwanger en denk dat het bijna zover is. Mijn schoonmoeder denkt dat over nog twee maanlichten de kleine moet komen.'

'Wie zal je dan bij de bevalling helpen?'

'Zij natuurlijk. Ze is streng maar rechtvaardig. Ze was ook bij de bevalling van de andere kinderen. Ze kende ook de kruiden die de weeën versnellen.'

'Ja, die kruiden zijn ook niet altijd goed voor de baby, maar ja... Zal ik bij jou thuis komen om verder te praten? En ook over de bevalling straks, misschien in het ziekenhuis.'

'Het ziekenhuis? Zo lang lopen en betalen! Van welk geld? Mama doet het.'

'Gelukkig ligt de baby in de goede houding, anders... weet je, ik kom bij jou thuis als je het goed vindt, om verder te praten.'

'Ja, want zo'n halve dag lopen tot hier met Bindu op de rug en deze buik lukt mij ook niet meer. Vooral nu mijn enkels ook dik zijn geworden. De baby drukt overal in mijn lijf.'

'Goed, dan kom ik volgende week donderdag. We gaan ook samen kijken hoe je beter en voedzamer eten voor Bindu kunt klaarmaken, want ze komt niet aan.'

'Ja, nu ik zwanger ben, krijgt ze geen borstvoeding meer. Er zit bijna geen melk in en haar voeden is giftig voor de baby.'

'Wie zegt dat het giftig is?'

'Mijn schoonmoeder.'

'Je kunt niet lezen en schrijven, hè?'

'Nee, van mijn moeder mocht ik niet naar school. Er was geen geld en ik moest thuis helpen. Het diploma van een meisje is haar man, toch?'

'Ik zal wel met jou moeten praten over dingen die vrouwen en kinderen aangaan. Anders red je het niet.'

'Goed, zuster, ik zal donderdag thuisblijven.'

'Ook je man als het kan.'

'Nee, hij doet het toch niet. Hij schaamt zich voor vrouwenpraatjes over kinderen en bevallingen. Mijn schoonmoeder zal er wel zijn.'

'Ook goed. Tot donderdag.'

Het verhaal van deze vrouw is een combinatie van problemen in de gezondheidszorg, armoede, analfabetisme en traditionele mentaliteit. Hoe zou het verder met haar gegaan zijn? Misschien is ze nog steeds bezig met eten zoeken voor haar kroost, zonder succes, terwijl ik in het Westen bepaald eten zonder succes probeer te vermijden. Beiden falen we dus als het om eten gaat – alleen is het bij mij niet fataal.

Ik wou dat ik de vrouw had kunnen helpen om erachter te komen waaraan haar kinderen overleden. Op dinsdag kwam ik haar voor de eerste keer tegen voor de eerste consultatie. Onze afspraak de donderdag nadien ging niet door. Ze werd gesaboteerd door de nacht van woensdag op donderdag. De macabere nacht. De nacht waarin het vliegtuig naar beneden kwam.

DE MACABERE NACHT

Na een lange periode van politieke en nationale onrust raakte ons land verwikkeld in een burgeroorlog van ongekende omvang. Zo veel doden, zo veel gewonden, zo veel vluchtelingen.

Een catastrofe vond plaats in de nacht van woensdag op donderdag, van zes op zeven april 1994. Het Land van de Duizend Heuvels veranderde in één nacht in het land van de duizend lijken. De bevolking begon elkaar zonder pardon af te slachten, en dat twee maanden aan een stuk. Er was geen regering meer. Militairen, burgers, ongedefinieerde troepen met of zonder uniform: ze waren allemaal gewapend en deden allemaal hetzelfde. Doden, terroriseren, plunderen en verkrachten. De chaos was totaal, het bloedbad monsterachtig. Terwijl de rebellen vanuit de buurlanden het land binnentraden, begon de militie in het land zelf ook de gewone burgers af te slachten. Als ik die nachtmerrie niet had meegemaakt, had ik me niet afgevraagd wie de mens echt is, wat hem drijft en waarom. Ik hoef er geen antwoord op te krijgen. Misschien is de mens inderdaad zoals hij is. Veelzijdig.

Soms wenste ik – natuurlijk – dat ik die ramp niet had hoeven mee te maken. En toch: ik zou mijn leven net zo overdoen. Ik zou dezelfde weg bewandelen. Eén ding weet ik zeker: de woorden, de taal, deze taal, alle andere talen die ik gebruik, schieten tekort om deze gebeurtenissen en hun effect te beschrijven. Verwacht dus geen verklaringen, geen waarheden in mijn poging iemand deel te maken van wat ik weet, denk, ben, denk te weten, denk te kunnen, denk te zijn, denk te zijn geworden en in wording ben. De mens is meer dan wat de taal kan uitleggen, uitdrukken, meer dan de mens zelf kan begrijpen. Hij is in staat te doen wat hij gedaan heeft, een decennium terug in het Land van de Duizend Heuvels.

In de nacht van zes op zeven april werd het vliegtuig van de toenmalige president Juvénal Habyarimana neergehaald op de terugvlucht vanuit buurland Tanzania, waar hij een vredesbijeenkomst had bijgewoond met de bestuurders van de rebellen – een uit vroegere vluchtelingen bestaande militaire groep die vanuit de buurlanden vocht voor hun terugkeer naar het land van herkomst. De vredesbijeenkomst was ook bedoeld om deze vluchtelingen zonder bloedvergieten naar huis te laten terugkeren. Ze waren al met een guerrilla bezig in het noorden van het land, die ook veel binnen- en buitenlandse vluchtelingen als slachtoffers had geëist. Ellende was er al in het land, maar die was nog beperkt tot bepaalde regio's.

Die fameuze nacht van zes op zeven april werd de historische nacht in de geschiedenis van mijn vaderland. Om zes uur 's morgens liep ik naar buiten om te toiletteren. Daarna keek ik even rondom het huis en ik zag een angstig, haastig iemand. Het was de buurman. Ik vroeg hem wat er was. Zijn gezicht was asgrauw en zijn ademhaling geforceerd. Hij hapte naar adem. Zijn ogen sprongen bijna uit zijn oogkassen. Hij verkeerde in doodsangst. Hij had een zak bij zich, zo'n traditionele tas gevlochten van lokale planten. Hij stond klaar om te vertrekken. Hij zei dat iedereen moest vluchten. Hij moest weg, we moesten allemaal weg. Rennen voor ons leven. Wie bleef, zou nooit nog de zon zien opkomen. Hij was in paniek, en terecht. De oorlog was begonnen. De president was al dood, en hij nam het volk mee.

In dezelfde nacht werden veel anderen vermoord. De burgeroorlog was weer begonnen. Ik liep naar binnen waar mijn man lag te slapen en maakte hem wakker.

'Karl?'

'Humm, laat me even slapen, het is zo vroeg.'

'Nee, het slapen is voorbij, de president is dood, vermoord, zijn vliegtuig is neergehaald, hoor ik van de buurman.'

'Wat?! Het is oorlog?'

'Ja, luister, ik hoor...wat hoor ik nou, luister...hoor je dat niet?'

'De schoten, de oorlog is begonnen.'

'Zet de radio aan.'

Op de radio: rouwlieden, rouwretoriek, haatzaaiende discussies, angstaanjagende muziek, bedreigende liedteksten waarin alles werd gescandeerd wat mensen kan worden aangedaan. De media zetten de bevolking tegen elkaar op en nodigden hen uit elkaar aan te vallen en af te maken.

Na een week thuisblijven werd de situatie erger. Moorden, moorden en nog meer moorden. Lijken, stank, moordverhalen. Roofvogels vlogen in het rond boven de ogen van hen die nog niet onthoofd waren. De dag dat mijn Nene, toen al een kleuter, naar mij toeliep, zal ik nooit vergeten. Ik had gehoopt dat de kinderen niet veel van de situatie zouden doorhebben. Ik vergiste me. Kinderen pikken alles in stilte op.

'Mama, ze hebben Pa Tos vermoord. Papa Tos is dood (Papa Tos was de overbuurman die die nacht doodgeschoten was). Gaan ze ons ook doodmaken?'

'Nee, we gaan niet dood.'

'Ik wil niet dood, mama. We moeten ons verstoppen. Kom, we gaan onder het bed.'

'Nee, Nene, onder het bed gaan we alleen 's nachts.'

Inderdaad, daar lag ik iedere nacht met mijn Nene en Pepe, elk een borst in de mond. Die borsten waar niets meer uit kwam. Ze bleven toch zuigen, want ze hadden honger. De tepels begonnen branderig aan te voelen, maar dat was niet erg. Ik voelde de pijn, en dat was een teken van leven. Alleen: toen ik wondjes op mijn tepels begon te krijgen, werd ik bang dat ze er zouden kunnen af vallen. Dat mocht niet gebeuren. Wat moest ik met borsten zonder tepels? En hoe kon ik naar de dokter gaan? Niemand ging nu de weg op.

Voor Nene veranderde er niets en ik bleef rustig met haar praten om sterk te lijken.

'Nee, mama onder het bed gaan we als we bang zijn, nu, anders maken ze ons ook dood net zoals pa Tos.'
    'Nou, we zien wel... Heb je honger? Wil je eten?'
    'Ik lust dat eten niet. Dat is geen eten. Ik wil eten met saus.'

Het was inderdaad niet te eten. Zulke vieze dingen had ik nog nooit aan mijn kinderen gegeven. Zo'n droge pot met resterende aardappelen en bonen was niets voor kinderen die smakelijke maaltijden gewend waren op basis van rijst, pasta, vlees, banaan, veel groenten en exotisch fruit.

'Ik wil bij jou blijven, altijd bij jou blijven, mama, samen met Pepe en Papa.'

Karl kwam naar ons toe. Hij had het gesprek gevolgd. Ik was wanhopig en kon het niet laten hem het schuldgevoel te geven dat we misschien een mannelijke beschermer nodig hadden. Hij moest iets doen voor zijn gezin, zich haasten voordat hij of wij eraan gingen. Ik wist dat het niet waar was, maar begon toch te insinueren dat Karl misschien iets meer zou kunnen weten. Een wanhopige daad, want iedereen stond toch machteloos tegenover de lange dagen en enge donkere nachten die ook als ideale dekmantel fungeerden voor de agressieve vijand.

'Karl, je bent de man, mannen praten met elkaar, jullie analyseren de media, de situatie. Wat is de stand van zaken? Gaat iedereen hier dood of komt er een eind aan deze situatie?'

'Nee, geen eind in zicht. De moorden zijn van ongekende omvang. Veel mensen zijn al omgebracht, niemand weet hoe het verder moet, hoe lang het duurt en iedereen is bang. Alles is gestopt, geen werk, geen geld, geen markt, geen regeling, geen besef van tijd, dus geen planning. Het is een levensstop. Hoe zou je het anders moeten noemen? En er is nog een groot probleem. Het eten raakt op en niemand heeft geld of leent geld uit, laat staan dat ons geld nog iets waard is. De devaluatie is van ongekende omvang en dat is logisch als het land, de regering, bijna niet meer bestaat. De chaos heerst in het land en de internationale gemeenschap komt ook niet snel genoeg in actie. Ze laten ons in de steek of er is zoveel geweld dat het niet mogelijk is iets te ondernemen in deze fase. Niemand wil praten. Ze willen alleen de geweren laten spreken. Zo kan het ook niet verder. Iedereen is bang en onzeker.'

'En degene die de president moet vervangen dan? Iemand moet toch invallen!'

'Ze worden doodgemaakt en anderen zijn bezig... je weet wel.'

'Met wat?'

'Doden en lijsten maken van volgende slachtoffers.'

'Wat is dat voor werk?'

'Het is geen werk, we zitten in een gekte.'

'Heeft dit alles met de politiek te maken dan?'

'Niet alleen, het is oorlog, en verder weet ik het niet. Niemand weet hoe het zal verdergaan. Deze toestand gaat het menselijk verstand te boven. Alles is uit de hand gelopen.'

'En hoe moeten we verder met de kinderen? Er is geen eten meer en mijn moedermelk droogt uit. Pepe trekt aan mijn borsten, maar vindt er niets meer. Nene is ook weer terug aan de borst, want ze heeft honger. Ik word er duizelig van. Doe iets voor ons, ik wil weg. Ik wil naar mijn ouders, zolang we niet dood zijn. Op het platteland kan ik de kinderen eten geven. Ik wil bij mijn ouders zijn. Bij mijn moeder.'

'Denk niet dat ik niet denk! Ik wil ook niet dat ze mij afmaken voor jullie ogen want ik zou ook op de lijst staan, hoor ik. Je moet weg. Jij en de kinderen.'

'Ik probeer een manier te bedenken hoe. De tijd dringt. De helft van de buren is dood. De kans is groot dat wij de volgenden zijn. Zorg er inderdaad voor dat jij en de kinderen hier wegkomen. Iedere minuut kan het hier slecht aflopen. De situatie is niet meer houdbaar voor vrouwen en kinderen.'

'En jij dan?'

'Reken er niet op dat ik in jullie buurt blijf. Ik breng jullie op die manier in gevaar. Mannen worden misschien als eerste gezocht. Ik ben een man en vind wel een manier je bij je ouders te komen bezoeken. Als ik niet kom, weet je het, verder niet zoeken.'

'Weet je het zeker? Kom je echt naar ons toe? Hoe dan?'

'Weet ik nog niet, maar ik kom wel zodra ik kan. Het lukt mij. Eerst jij en de kinderen. Daarna maakt het mij ook niets uit wat ze met mij doen."...'

Karl haalde twee blikken sardines uit de onderste la van de kast.

'Waar heb je die vandaan?'

'Gisteren van de buurman gekregen. Van Papa Tos!'

'Oh! Nou zeg...'

'Voor Nene, hier zit saus in.'

'Ik ga eerst Mama Tos vragen of ze hulp nodig heeft.'

'Waarbij?'

'Afleggen.'

'Ja, ga, ik kan zoiets niet aan, niet bij...hem. Ik heb hem wel gezien vanmorgen. Hij lag rustig slapend op zijn bed en ik heb afscheid genomen.'

'Ik ga, ze kan het niet alleen.'

Ik ging naar de overbuurvrouw. Ze stond naast haar man. Hij was midden in het hart getroffen. Zijn mooie pen hing in de linkerzak van zijn overhemd. De pen was verbrijzeld. Verder zag je geen wond, alleen een beetje bloed. Eén schot was voldoende geweest. Zij zullen hem gevraagd hebben op zijn knieën te gaan zitten om foutloos te kunnen richten. Ze moesten zuinig zijn met hun munitie.

Samen met haar oudste zoon ging de overbuurvrouw haar man afleggen, beiden snikkend en huilend. Papa Tos was te zwaar voor hun tweeen. Hij was een forse man, en niemand was komen helpen. Niemand durfde de deur uit. We hebben met z'n drieën Papa Tos zijn mooiste pak aangetrokken. Na het helpen aankleden ben ik weer naar huis gegaan. De rest kon ik niet aan.

We hadden geen geld meer, op een biljet van honderd dollar na dat ergens in de kast lag en ook zijn waarde had verloren. Mijn man vond iemand die voor dat bedrag mij en de kinderen naar mijn ouders op het platteland kon brengen, op honderd kilometer afstand van mijn huis, waar mijn andere familieleden, ook verbijsterd, zich verzameld hadden. We dachten dat we naar onze huizen zouden terugkeren als de rust in het land was weergekomen. Maar de rust zou niet terugkeren. Niet voor ons.

De schoten waren van ver te horen, maar nog niet te zien. Het militaire front was nog niet in de buurt gekomen en er was net voldoende eten voor de kinderen en hen die nog in staat waren een hap door hun keel te krijgen. Het was het begin van het oogstseizoen, alleen had niemand de kracht het gewas van de akkers te gaan halen. We haalden een klein beetje dat we dagelijks nodig hadden voor de maaltijd. De dieren waren ook bang geweest. Ze waren extra tam geworden en vroegen niet om veel begeleiding. De geweldige beesten: koeien, schapen, geiten en kippen liepen los op de plantages en gingen niet verder dan het eigen terrein.

Na een week kwam ook mijn man aan en we wachtten rustig samen bij mijn ouders af. De hele familie was bij elkaar, meer dan dertig mensen. Niemand durfde eraan te denken waar we eigenlijk op wachtten. We waren daar. We waren nergens, we konden nergens heen, in de oorlog ben je nergens. We maakten veel grapjes om te doen alsof we sterk waren, maar soms was de kracht gewoon zichtbaar op en sommigen werden somber en neerslachtig. Binnen twee maanden waren meer dan twee miljoen mensen van de eigen bevolking vermoord of vermist. Deze tragedie van ongekende omvang heeft ieder gezin en iedere bewoner getroffen. Een burgeroorlog is het ergste wat de mensheid kan overkomen. Het is erger dan de verschrikkelijkste pandemie en epidemie. Mensen die elkaar kennen, doden elkaar. Ze hebben samen gegeten, gedronken, gebeden en geleefd. Wat ons toen is overkomen in het Land van de Duizend Heuvels overstijgt mij als mens. Ik ben kleiner geworden door de omvang van de gebeurtenissen. De beelden die ik gezien heb van de lijken van kinderen, vrouwen, mannen, bejaarden, buren en familie zullen mijn geest nooit verlaten. Mijn emotionele geheugen is verwoest. De lijkengeur is het enige souvenir van mijn familie nadat die werd afgeslacht. Hier moet ik dan mee zien verder te leven. Deze bagage moet ik dragen en het leven laten voortgaan, want het houdt zelf niet op.

Na de oorlog wilden we weer leven. Mensen zochten eten en drinken. Ze zochten werk. Ze zochten elkaar en vooral: ze hielpen elkaar, gaven elkaar onderdak en een luisterend oor. Een gemeenschappelijk gruwelijk begrip, de dood, wist iedereen bij elkaar te houden. Zoals iedereen probeerde ik na de oorlog te overleven. Ik vond zelfs een leuke baan bij een internationale hulporganisatie, Artsen Zonder Grenzen, *Médecins sans frontières*. Op mijn werk kon ik even de ellende vergeten door anderen te helpen. In ons gezondheidscentrum vingen we vooral binnenlandse vluchtelingen op en andere patiënten die door diarree waren getroffen. Door de slechte hygiëne, slechte voeding en andere ongezonde omstandigheden kwam diarree heel vaak voor als bijkomende doodsoorzaak.

Ik had weer een dak boven mijn hoofd en de oorlog leek te zijn afgelopen, maar we beseften nog niet dat de oorlog in onze geest bleef verder leven. Het leven was direct na de oorlog zo sterk voelbaar dat we er krampachtig bleven aan vasthangen. Toch was het leven beangstigender geworden dan ooit. Opeens merkte ik dat ik 'over' was. Overgebleven. Lekker niet dood zoals de rest van mijn familie. Je bent toevallig over, omdat je toevallig niet thuis was op het juiste moment. Heb ik geluk gehad? Waarom ik en al die anderen niet? Ik wilde op hen lijken – ook als lijk, als het moest.

LA VIE EST BELLE

Bijna iedereen die ik liefhad, ben ik verloren, maar toch is het leven mooi en verdient het geleefd te worden. Die eenvoudige opvatting deel ik met mijn beste vriendinnen, die ook zijn getroffen door de fatale gebeurtenissen. *La vie est belle*, gewoon doorleven, minder proberen te stressen en de dagelijkse problemen het hoofd bieden. *Vivre tout simplement*, gewoon doorgaan met leven en zich niet zo extreem bezighouden met hoe, wat, wanneer, waarom, waarvoor en voor welk effect.

Soms moet je heel ver weg gaan om thuis te komen. Of ik een keuze heb gemaakt om naar Nederland te vluchten? Natuurlijk heb ik daar niet voor gekozen. Kiezen doe je als je een keuze hebt. Ik had geen keuze. Ik koos niets. Ik wou niets. Op zoek gaan naar veiligheid in fatale omstandigheden gebeurt niet door eigen wil of vrije keuze. Het was alsof iets anders in mijn plaats de beslissingen nam. Sommigen noemen het misschien overlevingskracht of instinct. Achteraf gezien is het niet meer indrukwekkend hoe ik overleefde – niet voor mij, althans. Het is alsof het buiten mij om gebeurde. Voortaan vind ik ook het nemen van sterke beslissingen in mijn leven niet per se noodzakelijk. Mij staat weinig te doen. Geen taken noch opdrachten. Ik hoef niets te doorgronden. Waar ik niet bij kan, kom ik niet. Ik leef gewoon. *Je vis tout simplement.*

Nu ik thuis voor mijn laptop zit en dit verhaal neerschrijf, volg ik ook wat in de media gebeurt. De moorden in het oosten van Congo en de inauguratie van Obama in Amerika zijn de meest actuele onderwerpen. Het plezier van de Afro-Amerikanen, hoe ze ontroerd zijn door *hun* president. Aan de andere kant de aanslagen, de lijken, de dood, de ondraaglijke pijn. Mijn waarnemingsvermogen wil de heftigheid van deze emoties niet zien, maar de beelden laten in elk geval de hele wereld zien dat er in de menselijke geschiedenis te veel onderdrukkingen en ongelijkheden zijn geweest. De media kunnen deze emoties in stand houden en bij ons in de huiskamer brengen, maar er worden geen lessen uit het verleden getrokken,

Ach, het leven gaat inderdaad door. De daden van mensen zal ik nooit kunnen doorgronden. In welke richting mijn leven doorgaat, weet ik zelf niet zo, maar is er iemand die deze richting kan schetsen voor een ander? Dat geloof ik wel. Met mijn beste vriendin Petra, bijvoorbeeld, kan ik over alles praten – geen onderwerp lijkt ons saai of overbodig.

Hier ben ik welvarend. In Afrika was ik niet arm. Hier is wel iets materieels toegevoegd, hoewel ik ben gevlucht puur op zoek naar veiligheid. Voor de welvaart ben ik gelukkig niet tot in de landen van de blanken gereisd. De welvaart heeft ook zijn eigen nadelen – die uiteraard niet te vergelijken zijn met de nadelen van armoede. Toch bestaat in de welvarende landen een andere armoede, geen materiële armoede, maar een soort zelfbedrog. Gisteren was ik lekker met mijn vriendin Petra aan het msn'en, en we konden elkaar zien door van de webcams op onze computers. Dat digitaal elkaar zien is gezellig en ik genoot ervan, maar het is armoedig. Ik wil Petra zien, voelen, anders, samen kletsen, fysiek samen, menselijk van haar genieten. Menselijk, puur, concreet, authentiek. Gelukkig weet de westerse Petra het ook. Ze is in bepaalde opzichten Afrikaans geworden en ik westers. We leven gewoon, *tout simplement*.

In mijn woonbuurt lijken alle huizen op elkaar. Het zijn gelukkig betaalbare huizen, maar soms vraag ik me af of ik blij moet zijn met deze uniforme vorm van welvaart. En zijn de woningen echt betaalbaar? Anders waren die oude buren er toch niet uit gezet? De een betaalt het huis zonder en de ander met moeite. Hoe dit gebeurt, gaat verder niemand wat aan. Heerlijk deze anonimiteit. Maar toch! Elkaars problemen laten ons koud. Het menselijke contact, de warmte, de compassie en het mededogen waren mijn rijkdom in Afrika. Ik heb deze rijkdom gelukkig meegenomen in deze westerse arme woonbuurt. Ik woon er rijk en het leven is mooi. Als het geld op raakt, hebben de meeste mensen weer de kans de creditcards uit de portemonnees te halen en uitgaven te doen waarvoor ze geen cent bezitten. 'Er is geen geld meer': dat besef bestaat in Europa niet meer. Er komen veel mensen in financiële problemen door de creditcrisis, maar ze blijven lekker welvarend – alleen niet rijk. Wij hebben hier alles in ons welvarende leven, denken we, en daarmee verpesten we ons welzijn. Meer en nog veel meer willen we hebben. In Afrika is dit de rijkdom: samen zijn, samen delen, samen lijden. De mensen zijn er alleen materieel arm, maar deze armoede heeft me niet bang gemaakt en me mijn moederland niet doen verlaten. De armoede heeft me niet weggejaagd, de rijkdom mij ook niet aangetrokken. Overleven, veiligheid, ontsnappen aan de economische malaise en behoefte aan educatie zijn de voornaamste redenen die de Afrikaan naar Europa lokken. Toerisme, missie, of hulporganisaties zijn de voornaamste redenen die de westerlingen naar de derde wereld brengen. De Afrikaan zoekt het materiële op, de westerling zoekt contact op: hij wil helpen, want hij helpt hier niet. Soms moeten de Afrikaan en de westerling elkaar even kruisen. Ze zijn en blijven mensen, altijd op zoek naar zichzelf.

Toch gaat de westerling altijd op zoek naar méér welvaart. Als ik terugdenk aan de onophoudelijke oorlogen in de omgeving van Congo, kan ik niet nalaten die in verband te brengen met de grondstoffen in dit land. De bescheiden lokale bevolking is niet bezig met goud en of diamant. Hun goud is hun dagelijkse eten, vreedzaam leven met de buren, familie en vrienden, de kinderen opvoeden en een eenvoudig leven leiden als basis van het bestaan. *Vivre tout simplement, c'est notre or.* Maar het wordt de lokale bevolking onmogelijk gemaakt mens te zijn. De westerse maatschappij heeft ons verkracht. De grondstoffen vliegen naar het Westen, dat er nog welvarender van wordt. De Afrikaan wordt vanuit de lucht beschoten door de westerse vogel. In Afrika vliegen andere soorten vogels, en met een kapmes haal je geen vliegtuig uit de lucht, hoe geweldig je ook kan mikken. De westerse maatschappij zorgt voor het juiste gereedschap om de mens in de derde wereld efficiënt te vernietigen, zodat hij de mensen om de briljante stenen gerust kan uitbuiten. Ach, hij komt toch terug om de rest hulp te bieden. De westerse maatschappij reist de wereld rond op zoek naar prooi, onder het mom van vrede bieden, terwijl hijzelf de ruzie constant aanwakkert. Hij zaait bloed, oogst olie, diamant en andere prestigieuze zaken die ik niet wil kennen. Hij komt terug met koekjes voor de uitgehongerde kinderen en wij zijn hem eeuwig dankbaar. De westerse wereld houdt in ieder geval zijn menselijkheid in stand.

Kapmessen bevinden zich in ieder gezin, net zoals het keukenmes in elk gezin aanwezig is. Het verschil is alleen komen te liggen in de fatale creativiteit en het gebruik ervan. Als de mens de ander wil doden, zal het niet liggen aan hoe het moet gebeuren. Met gas of kapmes: alles is één pot nat. De mens doet het.

De begrippen *Hutu* en *Tutsi* zijn wereldberoemd geworden. Deze twee termen zijn uitgevonden door iemand die blijkbaar niets beters had te doen had dan de lengte van de neus te onderzoeken. Ook mijn vriendin Petra wilde meer weten over deze twee stammen. Ze kon haar nieuwsgierigheid niet bedwingen en vroeg me op een dag hoe het eigenlijk zit met onze stammen die het macabere mediarecord hadden gehaald. Deze nieuwsgierigheid van Petra kwam bij mij over als: hoe kunnen jij en de jouwen bij die monsters horen? Ik ken je door en door – die mensen met kapmessen, hoe kun je een van hen zijn? Petra is mijn westerse grote plezier, de enige reden om niet te weigeren dit onderwerp aan te snijden. Hutu en Tutsi: ik ben en voel me geen van beiden. Ik ben ik, Martha.

'Martha, ben je Husi of Tusi?'
'Bedoel je Hutu of Tutsi?'

'Ja, ik zeg het zeker niet goed.'

'Nou, geen van beiden, Petra, maar dat is ook niet belangrijk. In mijn familie hebben we dat onderscheid nooit gekend. Ik groeide op in een vreedzaam land, waar mensen alles samen deelden, met elkaar trouwden en elkaar in alles steunden. In mijn familie en bij ons thuis zijn we gemengd. We waren wie we waren, gewoon mensen, zonder accent van de ene of andere stametiquette. We zijn uitgemoord zonder dat iemand op de lengte van onze neus lette. Volgens mij hadden de moordenaars de smaak goed te pakken en er waren nog mensen om te doden. We eten elkaar niet op en er was geen kwestie van zelfverdediging. Alleen de moordenaars waren gewapend en kwamen naar ons toe. Over de lengte van de neus...ze waren er niet echt in geïnteresseerd. Ze moesten ons hebben, mijn familie. En dat Hutu en Tutsi-fenomeen, die lelijke idiote theorieën om de andere lastig te vallen, verklaren niets. Ze zijn net zo stom als zoiets: Rotterdammer: niet goed, Limburger: geweldig, en... oorlog! Zulke onzin kan uit het niets rijzen en toch tot ravages leiden.'

'In veel oorlogen is het ook zo, Martha, wij hebben ook zo'n geschiedenis in Europa, met de Joden.'

'Ja, zoiets...'

'Wie heeft dan een lange neus van de twee? Je vindt het toch niet erg dat ik het vraag, hè!'

'Ik vind het niet erg erover te praten, alleen vind ik het niet interessant genoeg. Zelf ben ik niet zo opgevoed en....ik ben blij als ik daarmee niet geconfronteerd hoef te worden. Ik hou niet van polarisatie of dat soort zaken.'

'Ik begrijp jou. Ik ken jou.'

'Ach, die neus! Ik hou me er niet mee bezig, nooit gedaan. Die kenmerken slaan ook nergens op.'

'Dan snap ik niet....hoe kon het dan zo ver komen?'

'Ik ook niet, schat. Op een gegeven moment zijn misschien de politieke en militaire conflicten in het land te hoog opgelopen. Ze hebben geleid tot abominabele omstandigheden waaronder iedere Rwandees moest lijden. Dat je Hutu of Tutsi werd genoemd, was een geval van discriminatie. En wat denk je van de rol van de media? De moordenaar had het bloed geproefd, etiketten werden op mensen geplakt en ze werden afgeslacht. Er moest misschien een reden zijn om mensen te doden, maar of die reden de neus moet zijn, dat geloof ik niet. Weet ik niet. Wil ik niet weten.'

'Hoe vind je dat allemaal?'

'Ik ben blij dat ik hier ben. Ik hoef niet meer met die voor mij nietszeggende begrippen te worden geconfronteerd, alsof de ene persoon het recht heeft de ander dood te maken of andersom.'

'Ja, jij hebt geluk schat, je bent hier veilig, blijf hier.'

'Ja. Ik zal niet weglopen.'

'Voel je je dan een beetje gelukkig? Soms? Een beetje thuis?'

'Ik ben ontsnapt, ik voel me een held! Nee, liever, geen heldendaden hier. Ik leef. *Je vis tout simplement. Dieu Merci.* Ja, hoor. Ik ben ver weg, maar thuis.'

'Martha, je weet niet eens half hoeveel moed je hebt. Je hebt dat alles meegemaakt, maar je bent niet verbitterd geraakt.'

'*Dieu merci.*'

'Jij, je man en kinderen gaan hier een toekomst opbouwen. Welkom in eigen land.'

'Mijn kinderen zullen zulke vragen bespaard worden. Zij zullen zich identificeren met de mens, de persoon die ze zijn in de beschaafde zin van het woord, en niet met de stammen. Hopelijk zijn mijn kinderen in staat gewoon lekker te leven, gewoon en eenvoudig, zonder dat het verleden hen achtervolgt. Begrijp je me?'

'Zo is het en ik denk dat ik je begrijp. Hoe moeilijk het ook is, omdat ik me wat jullie overkomen is, niet kan voorstellen. Ik heb geen oorlog meegemaakt. Jouw persoonlijkheid is heel sterk, je bent intelligent, authentiek, je bent jezelf.'

'Ach, Petra. Mijn vis is erg koud geworden, ik hoef hem niet meer. Je moet mij ook niet zo lang aan de praat houden tijdens de maaltijd. Ik bestel een andere.'

'Oké. Deze van jou eet ik op en ik trakteer je op een hete!'

'Doe er ook maar een nieuw glas droge witte wijn bij. Zo'n hete moet toch zwemmen!'

Na het diner met Petra bleef ik nog aan die stomme oorlog denken. Soms vraag ik me af hoeveel ruimte ik in mijn hersenen zou hebben als ze zich niet continu hiermee bezighielden. Met het overleven, met dit leven als bonus.

Terwijl het Rwandese volk elkaar afslachtte, werd gezegd dat ook die oorlog vooral om de delfstoffen ging in het buurland Congo. Rwanda is een klein maar redelijk ontwikkeld land dat wegen aangelegd heeft die naar het oerwoud van Congo leiden, waar de grondstoffen voor het oprapen liggen. De handel in deze grondstoffen gebeurt meestal op een dubieuze wijze, waarin de westerse wereld een kapitale rol speelt.

Mijn eerste gouden sieraden heb ik inderdaad hier in Europa gedragen. In Afrika was ik daar niet mee bezig en ik heb ze niet gemist. Koketterie is niet de bezigheid van de meeste vrouwen in de derde wereld. Daar gelden andere schoonheidsnormen dan het uiterlijk, zoals gezond, lief en sterk zijn.

In mijn geboorteland heb ik geen wapenfabrieken gezien of daarover gehoord. Toch vermoordden we elkaar ook met wapens. Ze worden door industriële landen geleverd en de Afrikanen betalen er een vermogen voor. De oorlog die ik dus ook heb moeten meemaken, is niet alleen mijn eigen volk te verwijten. De oorlog heeft een internationale kleur. Om dit soort rampen te voorkomen zouden internationale beslissingen genomen moeten worden. Kan dat? Wil men dat? En de grondstoffen dan? En de welvaart dan? De mens zit zichzelf in de weg als het om het stoppen van oorlogen gaat.

De negatieve spiraal van de armoede is voorlopig niet van de baan zolang arme landen totaal worden ontkracht, in schulden worden gedompeld en hun eigen hongerige volk vernietigen. De overlevenden van de oorlog sterven onderweg naar nergens. Anderen raken weer verspreid over deze wereldbol en dat is geen eigen wil, geen eigen keuze. We zijn beland in landen van welvarende mensen, in de westerse landen, en we doen lekker mee.

Ons uit ons eigen land wegjagen, ons volk laten vermoorden, armoedig en onderontwikkeld laten blijven. Moet de westerse wereld dat op zijn geweten hebben voordat ze een steentje komt bijdragen aan het product van eigen destructie, door middel van ontwikkelingshulp?

ENKELE REIS

Toen de oorlog 'afgelopen' was, wist ik niet langer wat ik wilde: sterven of blijven leven. Tijdens de oorlog was het makkelijk: er was geen keuze. Iedereen kon sterven en de angst om dood te gaan was verlammend, waardoor je weinig emoties toeliet. We hoorden de schoten. Niemand huilde. Iedereen was bang. Je zag 's nachts vuur vanaf het front. Je zag lijken, je begroef buren en je wachtte op je beurt. Sommigen amuseerden zich door de verschillende geweren te leren onderscheiden op basis van hun geluid. Wat een kunst!

Als een zwangere moeder met twee kinderen en de derde op komst werd ik verpletterd door besluiteloosheid. Denken aan de dood voelde op dat moment beter dan eraan te denken dat het mij niet lukte door te denken hoe ik een eind aan mijn leven zou kunnen maken. Dat liet ik liever aan iemand anders over, een militair bijvoorbeeld, maar niemand deed het op verzoek. Ze waren er om het volk te beschermen, niet om ons af te maken. Geloof wat je wilt.

Daar loop je dan in de stad, dag in dag uit met een sterke wens die niet wordt gehonoreerd. Hoe sneller het zou gebeuren hoe beter, want dan hoefde ik niet weer naar het leven te verlangen, dat voor mij verder toch onmogelijk leek. Ik wilde terug naar mijn familie, naar mijn ouders, ik was nog een kind en voelde me meer dan ooit kind, en kinderen horen bij hun ouders te zijn. Ik voelde me één met mijn familie. Ik was één met hen en zal het ook altijd blijven..

De behoefte dicht bij mijn dode familie te zijn voelde bijna even bevredigend als fataal. Ik wilde het, ja, ik wilde dood. Bijna eng het hier neer te schrijven, maar het voelde niet slecht. Mijn eigen wil was terug.

Ik was er dus weer – misschien. Waarom zou ik rouwen? Zo kwam ik zelf aan de beurt. Achterblijven? Nee, alstublieft niet.

Ik zou mijn familie later gaan zoeken in mijn ouderlijk huis. In de tuin en overal in huis roepen terwijl ik de lijken zag liggen en de lijkengeur inademde. Ze zijn overleden, maar niet uitgewist. We zijn toch bij elkaar – ik met omhulsel, zij niet meer. Ik moet alleen accepteren dat we onze ervaringen niet meer zullen delen. Soms vind ik mijn leven bijna eindeloos lang duren. Het is lang geleden dat ze vermoord zijn. Sindsdien heb ik nog veel jaren geleefd en ik ben nog maar veertig. Hoe moet ik verder met al die jaren die misschien nog komen? Mijn zussen lachen er ook om. We ervaren het leven soms als iets dat eindeloos lang duurt. Vandaag heb ik geen doodswens meer, maar soms denk ik: wanneer mogen we ook? Het is al een eeuwigheid dat ze op ons wachten. En geloof me, dat is geen verdrietige gedachte.

Op de dag dat ik op bezoek ging bij een vriendin, vertelde ik haar hoe iedereen geweigerd had mij om te brengen.

'Ze willen mij niet hebben!'

'Wat? Wie wil jou niet hebben?'

'De militairen.'

'Hoezo?'

'Ze schieten niet op mij, en ik zie ze iedere dag, sommigen doen zelfs aardig, ze begroeten me.'

'Lieverd, je bent niet goed, kom hier....'

Mijn vriendin hield me vast, stevig tegen zich aan. Ik begon te huilen, en ze liet me huilen. Voor de eerste keer, een week na het nieuws dat mijn geliefden vermoord waren, kon ik in tranen uitbarsten. Ik was bijna vergeten hoe menselijk contact voelt. Ik dacht dat ik alleen moordenaars zag en vanbinnen was ik stijf geworden. Ik was mezelf vergeten. Ik was er, maar ook weer niet. Het was gek. Ik bleef kalm, alsof ik niet genoeg van hen hield. Ik staarde naar de leegte in mezelf. Praatte niet, behalve om kort te reageren op wat mij werd gezegd. Ik was een standbeeld van mezelf geworden. Op dat moment, twee maanden na onze dood, brokkelde het beeld af. Ik wist niet meer wie ik was, moest zijn, hoe, waarmee, met wie, waar, en ik wilde nergens aan denken. Ik kon het niet.

Ik hoorde mezelf praten, voor de eerste keer na weken erover praten, dat ik het toch had gezien, met mijn eigen ogen, dat ik mijn familie had zien liggen in mijn ouderlijk huis, dat ik ons had geroken, met een heel klein beetje aarde die de buurman op onze lijken had gegooid voordat hij aan de beurt was.

'Ik wil dood, Vero, ik wil ook, ik wil naar mijn moeder, help mij.'

'Stil, nee huil maar, huil zo veel als je kunt...'

En ik bleef huilen, zo hard, zo lang als ik kon. Sommigen zeggen dat huilen oplucht, maar eerlijk gezegd putte het mij uit. Bovendien wist ik niet of ik vanwege mijn eigen doodsangsten huilde of het verlies dat nog niet tot mij wou doordringen. De gebeurtenissen waren te immens geworden.

'Vraag de militairen me dood te schieten, hoe moet ik anders doodgaan?'

'Lieverd... je bent ziek, erg ziek, je bent niet doodgegaan, wat betekent dat je leeft. Nee, je bent niet ziek, je bent moe.'

'Nee, ik wil niet leven, niet zo...'

'En de kinderen dan? Je hebt twee kinderen, weet je nog? En Zara, denk aan Zara.'

'Zij redden zich wel, ze hebben jullie allemaal, iemand zal ze vinden en voor ze zorgen.'

'Nee, niemand anders, je zult voor je eigen kinderen zorgen, en Zara is bij je. Karl heeft jou nog. We helpen jou.'

Wat ik op dat moment niet wist, was dat ik ook een derde kind verwachtte. Veronica liet mij huilen en huilde mee en ik wist niet voor wie zij eigenlijk huilde. Ze had ook veel dierbaren verloren. Wij huilden samen. De rest was niet interessant. De mannen die in de andere kamer zaten, wachtten rustig af. Ze huilden niet, maar waren met hetzelfde bezig.

Veronica begon mij duidelijk te maken dat ik nog leefde en het voelde inderdaad alsof ik het zelf niet meer wist. Ik wilde misschien onbewust niet leven. Ik wilde niets meer te maken hebben met het leven in een land van doden. Ik wilde niet leven met het gevoel de enige levende op aarde te zijn, zonder iets waarin ik geloofde en zonder te weten hoelang ik nog moest.

Veronica herinnerde me aan mijn twee dochters. Ja, zei ik, maar er waren veel kinderen die geen ouders meer hadden en volgens mij zouden mijn kinderen misschien ook door een aardig persoon worden opgevangen en grootgebracht als hun tijd echt nog niet gekomen was. Mijn tijd was toch gekomen. Het leek alsof ik niet genoeg van mijn kinderen hield. Hoe kon ik ze zo gemakkelijk loslaten? Deze vraag zal mij blijven achtervolgen, ook in mijn 'bonusleven'. Hoe heb ik ooit zo kunnen denken! Ik was een moeder met een hart van steen, en dat schrikt mij nog steeds af. Ooit heb ik gedacht mijn kinderen in de steek te laten. Zelf heb ik gefaald als moeder. Zolang ik in staat ben adem te halen, moet ik ook in staat zijn voor mijn kinderen op te komen.

Nadat ik deze onzin gezegd had, ging er iets door mij heen. Een gevoel dat mij wakker schudde en mij eraan herinnerde hoe egoïstisch ik was, als moeder, als mens. Zara was toch ook niet dood. Zo'n schande om te blijven leven was het nou ook weer niet. Ik voelde me tekortschieten op alle fronten. Ik kon mijn doden niet bereiken en erger nog, ik was niet in staat mijn geliefden die nog leefden, tegemoet te komen, mezelf met hen te herenigen. Ik was nergens, echt nergens, ik voelde me verloren, afgestoten van de dood en tegelijkertijd van het leven. Mijn lichaam was zichtbaar, maar mijn geest zweefde ergens tussen hemel en aarde.

Toen kort daarna de baby in mijn buik begon te schoppen, had ik geen andere therapie meer nodig. Ik herinnerde me dat ik een moeder was en een nieuwe generatie op de wereld zou zetten waarvoor ik verantwoordelijk zou moeten zijn, in alle mogelijke omstandigheden. Dat zou ik ook doen, alleen wist ik niet hoe. Emoties toonde ik niet vaak, behalve wat er aan mij ontsnapte. Het lachen was ook uit mij verdwenen. Volgens mijn omgeving was ik een ander mens geworden.

Ik kan me de dag herinneren dat de collega van Karl, een bekende van mijn familie, langskwam. Ik was alleen thuis.

'Hallo, Martha.'
'Hallo.'
'Hoe gaat het met je?'
'Wat is dat voor een vraag? Je hebt toch alles gehoord en nu wil je insinueren dat je niet weet hoe het met mij gaat! Wat een geniale vraag, zeg!'
'Sorry, Martha, ik heb inderdaad alles gehoord.'
'Mag ik zitten?'
'Ga je gang, maar Karl is hier niet. Je kwam toch voor hem?'
Papa Baccon ging even zitten. Ik sprak niet tegen hem. Hij ook niet tegen mij. Toen hij niet meer wist wat te doen, ging hij weer weg. Later zou ik horen dat hij mij erg veranderd vond. Ik zou vol boosheid zijn geweest. Mijn spontaneïteit en vrolijkheid moesten terugkomen en mijn omgeving moest mij in de gaten houden. Ik denk dat ik toen alleen humoristische mensen kon verdragen. Vooral humor heeft mij over de gebeurtenissen heen getild. Papa Baccon was mij te serieus, te sterk, te gezond. Hij kon alles aan, en dat vond ik bijna weerzinwekkend.

Ik raakte maar niet uit mijn besluiteloosheid. De toekomst onder ogen durven te zien, ook al was het maar op korte termijn, was net zo beangstigend als de dood zelf in de ogen te kijken. De angst voor mijn eigen wanhopige gedachten werd van dag tot dag groter. Ik sliep niet, ik at weinig, ik schrok van alles wat bewoog, ik kon de dag wel verdragen, maar de nacht was verschrikkelijk. Het werd donker en de angst nam toe. Mijn gedachten sloegen op hol: 'zij' zouden komen, 'zij' zouden de nacht gebruiken om mij ongemerkt van het leven te beroven. Hoe moest het dan met mijn kindjes? Ik was al zover dat ik mijn kinderen in veiligheid wilde brengen. Maar hoe, en waar?

De heerlijke schoppen in mijn buik, oh! En nieuw leven was in mij begonnen, en daarvan kon ik zo discreet genieten. Mijn vriendin Veronica kwam iedere dag langs samen met haar man, zogenaamd om mij gedag te zeggen. Ze had stiekem andere vrienden gewaarschuwd, zodat ik dagelijks thuis bezoek kreeg. Later, eigenlijk nu, besef ik dat het een therapeutisch complot was. Ze wilden mij helpen erbovenop te komen. Zo werkt het daar. Er worden geen afspraken gemaakt voor dat soort zaken. Ben je eenmaal door pijn of verdriet getroffen, dan neemt de omgeving de taak op zich om je over de drempel te trekken. Een betere therapie heb ik niet gekend.

In die tijd begon ik me immens zorgen te maken om de baby die in mij groeide en opeens besefte ik dat ik hem of haar niet het leven wilde schenken in de enge wereld waarin ik leefde. Voor mijn gevoel was er geen wereld meer om kinderen op te zetten. Het kind moest dus eeuwig in mijn buik blijven. Ik wilde toch een gezonde baby ter wereld brengen! Maar hoe? Waar? De wereld, mijn wereld was vergaan. De gedachte het kind in mijn buik niets anders te kunnen bieden dan mijn angsten en onzekerheden kon ik bijna niet verdragen. Ik voelde me zwak. Een zwakke moeder die niet eens voor haar nageslacht kon zorgen. Als ik dit echt niet kon, nadat ik ook nog onverantwoord zwanger was geraakt in de oorlog – wat mij niets uitmaakte en niet betekende dat ik mijn baby niet wenste – dan zou ik me een mislukkeling voelen. Voor mezelf mislukken kon nog wel, maar voor mijn kinderen? Nee, hun leven moest nog beginnen en ik zou het waarmaken. Kansen voor hen creëren.

Mijn kinderen hadden het recht een eigen leven op te starten en de basis, dat was ik. De moeder. Degene die ze als eerste voelt schoppen, degene die aan de hele wereld aankondigt dat ze er zijn en komen, degene die ze vanaf hun onzichtbare stadium draagt en beschermt binnen in haar lichaam. De allereerste die weet dat een nieuw leven zich vormt in haar buik.

Ikzelf telde niet meer, niet meer voor mezelf. Ik leefde voort in mijn kinderen. Ik moest me vermannen. De tijd drong. Solide of zwak, ik had een belangrijke taak. Ik was de basis voor mijn nageslacht. Ik wilde het zijn. Met succes.

In de door de oorlog verwoeste stad kwam ik mijn klasgenoot Rose van de basisschool tegen op de markt. De eerste keer dat ik naar buiten durfde, de eerste keer dat ik de weg op durfde, twee maanden na de oorlog. Rose was prostituee geworden in plaats van moeder-overste. Een decennium later is Rose nog niet aan hiv bezweken. Het is een raadsel. Rose had geen toekomst meer, zo leek het. Ik wilde anders in het leven eindigen. Nadat ik deze wanhopige vrouw had ontmoet, werd ik eraan herinnerd dat ik ook een beroep had, een eerbaar beroep.

Ik zocht en vond binnen twee weken werk, in mijn beroepsbranche. Naast de nachtmerries had ik toch ook plezier op mijn werk bij de *Médecins Sans Frontières*, Artsen Zonder Grenzen in de regio. Samen met mijn geweldige collega's begonnen we naast de ellende ook lol te hebben op het werk. We kregen een sterke band en praatten veel over wat er in het land was gebeurd en aan het gebeuren was. Iedereen had een eigen afschuwelijk verhaal. De oorlog was van ongekende omvang geweest, en iedereen was persoonlijk geraakt. Ik werkte samen met lotgenoten en het deed mij goed. Mijn eenzaamheid begon wat te verdwijnen. Ik begon zelfs te lachen.

Op het werk dacht ik stiekem dat mijn kinderen zonder mij zouden omgebracht worden, of anders ik zonder hen. Mijn collega's dachten hetzelfde. Dat was de andere kant van het leven, die ook besproken werd. Ook al was de expliciete oorlog er niet meer, toch droeg iedereen hem in stilte met zich mee.

Mijn zwangerschap verliep naar mijn gevoel prima. Er was geen sprake van om naar een consultatiebureau te gaan om te laten checken of alles goed verliep. De natuur zou zijn gang gaan en mij een gezond kind schenken. Ik was bang geworden van iedereen, ook van de hulpverlening in mijn eigen land. Mensen waren veranderd. Je wist nooit wat men had gedaan tijdens de burgeroorlog. Buren hadden eigen buren vermoord, kennissen waren vijanden geworden, in één keer was de hele samenleving op zijn kop gezet. Goede mensen hadden heel slechte dingen gedaan. Onbegrijpelijk hoe zoiets kon gebeuren. De medemens was een raadsel geworden. Ik vertrouwde niemand meer, alleen mensen die ik goed kende.

Ik wilde trouwens ook niet weten hoever ik met de zwangerschap was. Dat zou betekenen dat ik me moest voorbereiden op de bevalling en ik kon in mijn beleving het nog niet aan een nieuw leven op een wereld te zetten waar alleen de naweeën van de hel heersten. Ik hoopte dat ik mijn kind eeuwig kon dragen, zodat het onze manier van leven niet hoefde te zien.

Babyspulletjes kopen, daar begon ik ook niet aan. Het was alsof ik echt niet wilde bevallen. Mijn collega's en vriendinnen begonnen erover. Ik zei dat ik niets had gekocht en ze vroegen niet waarom. Ik was nog niet zo ver. Dat het geen kwestie van geld was, hoefde ik niet uit te leggen. Ik hoorde bij de beter bedeelden. Aan mijn maatschappelijke positie zou het dus niet liggen.

Op een gegeven moment begonnen mijn collega's, vrienden en zussen babyspullen te verzamelen. Ik liet ze begaan en bemoeide me er alleen maar mee als er financiële vragen waren. Ze hadden er plezier in. Zij kochten vooral kleertjes in felle kleuren – jongen of meisje, een kind was een kind en het moest vooral vrolijkheid uitstralen. Geen zwart, geen bruin, geen rouw. Ik had er ook plezier in, alleen in stilte. Mijn gedachten waren verder gereisd dan alleen de geboorte.

Later zou ik dankbaar zijn voor de spullen en mijn cultuur beter begrijpen. Wat je zelf niet kunt, neemt de omgeving over. Er worden geen afspraken met je gemaakt. Zo natuurlijk, zo normaal blijft het. Niemand brengt ooit je geestelijke toestand of onredelijkheid ter sprake. Je wordt opgeraapt, meegenomen, in het leven van allen meegevoerd. Daar zorgen familie en vrienden voor.

Mensen begonnen mij te feliciteren met de zwangerschap. Opeens besefte ik dat ze mij doorhadden: ze zagen de buik al, hoe elegant en discreet ik mijn taille ook probeerde te houden. Ik kon niet met de zwangerschap pronken, ik durfde het gewoon niet. Ik droeg een nieuw leven in mij, maar waar moest ik het geboren laten worden? Lokaal was het niet meer mogelijk. Er was geen plek meer voor levende wezens en helemaal niet voor onschuldig geboren kinderen.

Het idee mijn land te verlaten om ergens anders de baby te krijgen, zodat het kind niets te maken zou hebben met de geschiedenis, begon mijn gedachten te overheersen. Ik moest opschieten, want vanaf zeven maanden zwangerschap is reizen zonder medische begeleiding aan boord van een vliegtuig niet meer toegestaan. Ik wist niet hoe ik het land zou moeten verlaten en ook niet met welk vervoermiddel. Maar het moest gebeuren. Dat wist ik wel. Het was de enige optie.

Mijn zus Zara sliep ook niet meer. Ze ging naar bed in haar spijkerbroek, klaar om te rennen als 'zij' ons kwamen halen. Verder praatten we eigenlijk niet over het land verlaten. De oorlog was 'afgelopen'. Mensen die verdwenen, hadden iets verkeerds gedaan! Ze hielden zich schuil om geen verantwoording te moeten afleggen. Niemand repte over verdwijningen of over de overvolle gevangenissen. Vrede moest de uitstraling zijn. Wie deze gepaste houding niet aankon, solliciteerde naar moeilijkheden. Goede burgers waren gelukkig, het leven was weer begonnen, lang leve degenen die ons van de beesten had losgemaakt. De kapmessen werden zelfs ingeleverd bij de lokale autoriteiten en geconfisqueerd. Weg ermee. Mensen waren geen bananenbomen die je met zo'n ding neerhaalt.

Ik deed een poging om met Zara te praten. Ik moest ophouden medelijden te hebben met mezelf. Als iemand werkelijk leed, was het Zara. De hele tijd leefden wij samen in de grootste stilte, alsof we onze tongen opgegeten hadden.

'

'Zara, gaat alles wel goed op je werk?'

'Ja hoor, wat wil je weten? Mijn schoenen zijn kapot.'

'Jij werkt toch en kunt zelf schoenen kopen?'

'Laat maar. Als je geen schoenen voor mij wilt kopen, loop ik op blote voeten. Ik heb toch niemand om voor mij te zorgen. Ik woon hier bij jou in, dat is ook meer dan genoeg. Sorry dat ik ondankbaar ben voor je gastvrijheid en ook nog om schoenen vraag. Laat maar, waar moet ik anders heen? Ik ben al een last voor jullie. Ik ben een last voor iedereen.'

'Zara, wat heb je? Je bent geen last voor ons, we moeten samenwonen, samen verdergaan. We hebben jou graag in huis, Nene en Pepe ook. Ga je trouwens misschien niet terug naar de campus? Je moet je studie afmaken.'

'Studie. Martha, ik leef... en je wilt dat ik naar dat bos van de campus terugga, waar veel van mijn medestudenten in liggen! Nooit meer.'

'Nee, blijf hier. Werken is ook prima, Zara. Hier, neem wat geld voor schoenen.'

Zara kreeg van mij een som geld. Ze was niet blij en had natte ogen, alsof ik haar pijn deed met een belachelijk bedrag.

'Zara, is het niet genoeg?'

'Ja, meer dan genoeg! Hiervan koop je toch geen fatsoenlijke schoenen, of wie denk je dat ik geworden ben?'

'.....................'

'Nee, op de universiteit! Daar is iedereen dood of weg, ik ken niemand meer.'

Zara huilde, de eerste keer nadat zij het bloed van anderen van zich had afgewassen. Twee maanden erna. Zara huilde. Zara leefde. Het was goed zo.

Zara praatte niet veel en ik wist haar hart te lezen. Praten was meestal ook niet nodig..Zara was er en het was meer dan voldoende. Zara wilde altijd wat ik wilde. Onze levensweg liep parallel. We voelden elkaar aan, erg snel ook. Maar nu was Zara uit de lijken geklommen. Met elkaar praten moesten we opnieuw leren.

Ik liet mijn wens om te vertrekken aan mijn man weten. Hij stribbelde niet tegen. Het land was zo verwoest dat het niet uitmaakte wat je koos. Ik eiste de helft van ons royale vermogen om mee verder te leven. Ik wilde het land uit, en niet zonder Zara. Wachten kon niet meer. Ik had haast. Ik moest bevallen, en niet thuis, niet in dit land. Werk, geld, een mooi huis, auto's: niets telde nog. Wat van mij is, maak ik op zolang ik er nog ben. Ik had erover nagedacht. Zara had er ook over nagedacht. Ze had nooit meer geslapen vanaf het moment dat ze wakker werd uit de wereld van de doden. Ik had nooit meer geslapen vanaf die macabere nacht van zes op zeven april 1994. Waar wachtten we nog op?

De dag van ons vertrek had ik gewoon gewerkt. Na het eten wou ik naar bed, maar mijn man had nog wat te zeggen.

'Martha, kom je mee naar Hella?'

'Nu? Het is laat en ik ben moe. Ik wilde naar bed gaan, morgen heb ik vroege dienst.'

'Kom je echt niet mee?'

'Nee. Waarom dring je zo aan? Zara kan toch mee?'

'Ja, zij komt ook mee.'

'Goed dan, neem groenten voor haar mee, ik heb erg veel gekocht en neem genoeg bananen mee voor de kinderen. Toch, Zara? Jullie mogen niet met lege handen bij mijn zus op bezoek komen. Neem ook wat soep mee, de meiden hebben er meer dan genoeg van gemaakt.'

'Oké. We gaan. Ik neem van alles mee.'

'Doe haar de groeten en zeg dat ik haar volgend weekend hier verwacht, samen met haar man en kinderen. Ik ben vrij.'

Twee uur later kwamen Zara en Karl terug van een bezoek aan mijn zus. Een afscheidsbezoek. Karl maakte me wakker.

'Martha, je krijgt de groeten van Hella en ze wenst je een goede reis.'

'Reis?'

'Ja, we dachten dat je afscheid van haar ging nemen, maar je was moe en moest even slapen. Het geeft niets.'

'Afscheid?'

'Martha, je kunt niet gaan slapen, je moet inpakken.'

'Inpakken? Zara, is Karl goed bij zijn hoofd?'

'Ja, ik ben niet gek, jullie vlucht vertrekt morgen om 10.00 uur.'

'Heb je het voor elkaar, kunnen we hier weg? Ben je zelf klaar met inpakken dan?'

'Nee, ik ga niet mee. Voor mij is dit nog niet de tijd. Misschien komt mijn tijd nog.'

'Wat moet ik meenemen? Ik ben niet voorbereid.'

'Vraag je niet waar je naartoe gaat?'

'Ja, waar ga ik naartoe? Nee, het doet er niet toe, als ik hier maar weg-ga.'

'Jij, Zara en de kinderen gaan naar Nairobi. Neem het hoogstnodige mee. Vooral voor de kinderen en wat je voor de baby op komst hebt gekocht.'

'Ik ga toch niet zonder jou!'

'Jawel, je gaat zonder mij. Jullie gaan zonder mij. Ik red me wel en trouwens, ik moet mijn werk nog doen.'

Op hetzelfde moment kwam Zara binnenlopen.

'Zara, we gaan weg!'

'Ja, weet ik.'

'Waar gaan we naartoe?'

'We gaan naar Kenia en het visum kopen we daar op het vliegveld.'

'En als we daar zijn, hoe moeten we verder?'

'Dan zullen we de situatie ter plaatse moeten bekijken.'

'Zara, ik ben moe, ik bedoel een beetje bang. Dit gaat razend snel.'

'Je mag lekker gaan slapen en ik blijf even op en de laatste dingetjes pak ik in. Tot morgen.'

'Tot morgen, Zara, maak mij wakker. Ik wil mijn eerste vlucht niet missen.'

'We zullen hem niet missen en de kinderen maak ik morgenvroeg klaar. Ze slapen vanavond beiden bij mij.'

'Zij plassen vast flink in je bed. Mooi.'

'Het geeft niets.'

'Tot morgen.'

In de slaapkamer ging ons gesprek verder.

'Maar Karl, ik wist niet dat ik morgen al wegga. Ik had ook graag afscheid van mijn zus genomen. Dit doet me pijn. Wat je nu samen met

Zara doet, doet me pijn. Jullie doen alsof ik niet besta. Het is wel goed dat ik wegga, maar waarom word ik nergens bij betrokken?'

'Omdat we je kennen. Je bent onredelijk sentimenteel en we wilden niet dat je iedereen zou bellen om jullie vertrek aan te kondigen. Ik blijf nog hier en ik wil morgen niet gevraagd worden waarom ik mijn vrouw en kinderen naar het buitenland heb gestuurd, terwijl het land zogenaamd veilig is. Ben je blind? Zie je niet wat er werkelijk in het land gebeurt? De gevangenissen zijn vol, de verdwijningen zijn dagelijks en... wat wil je? Ik ken je met je indiscretie!'

'Denk je echt dat ik geen geheim kan bewaren? Dat ik met mijn vriendinnen hierover zou kletsen?'

'Ik vertrouw je gewoon niet. Dat is alles.'

Bijna geschokt ging ik toch inpakken. Ik was stil. In slapen had ik geen zin meer. Ik was geen goede vrouw geweest voor Karl en nu moest ik zo weg. Hij vertrouwde me niet. Ik voelde me niet zeker genoeg, als vrouw, ik voelde me niet compleet in de ogen van mijn eigen man, de man die alles voor mij was – dacht ik tot dan toe. Zara vormde mijn ondersteuning, ook op het huwelijkse front. Karl vertrouwde haar. Er was een situatie ontstaan waarin ik de emotionele regie zou moeten nemen, en hoe dan ook, Zara zou nooit onder mijn gevoelens moeten lijden.

Ik had tijd noch energie om hier verder op in te gaan. Bovendien hadden we nog weinig uren om samen door te brengen en die wilde ik niet verpesten met ruzie en gezeur. Zara wilde ik ook niet van streek maken met mijn ontevredenheid. Ik was alleen en blij dat ze er was en dat moest voldoende zijn. Ik wilde niet ondankbaar zijn of iemand van streek maken. Niet Zara. Ik kende Zara al mijn leven lang; Karl kende ik toen pas vier jaar. Op het moment dat de liefde mij te abstract zou lijken, zou ik op mijn eigen genen moeten terugvallen.

Ze wou met me meegaan. We waren samen met Nene en Pepe een team geworden. Bovendien was ik hoogzwanger, en Zara was de enige die ik de komende tijd zou hebben om me bij te staan. Ze was mijn steun en toeverlaat. Onze grote zus Hella zou ik in mijn hart dragen en meenemen. Dat ik geen afscheid van haar kon nemen, zal in mijn emotionele geheugen gegrift blijven als het resultaat van een vals complot tussen mijn man en mijn zusje. Ze hebben samen mijn integriteit onderschat, en me een bijzonder afscheidsmoment niet gegund van mijn grote zus, die ik vijftien jaar later zou weerzien in Nederland. Gelukkig levend weerzien. Pas dan zou ik in staat zijn deze herinnering in mezelf vreedzaam af te sluiten.

Vijftien jaar later zal Hella mij en Zara een bezoek brengen in ons nieuwe land, waar we een korte vakantie samen doorbrachten. Vakantie, je leest het goed, vakantie. Een Afrikaan die naar Europa op vakantie komt in plaats van te vluchten. Hella zal in ieder geval een retourtje reizen. Ze kan het land dat mij gestolen kan worden, het land dat ik als kiespijn kan missen, niet missen. Daar is haar thuis. Hier is mijn thuis. We zullen elkaar bezoeken, maar buren zullen we nooit meer worden.

Nadat ik de volgende ochtend drieduizend dollar van onze eigen verkochte auto van mijn man in handen kreeg, ben ik samen met mijn zus en twee kinderen naar Nairobi vertrokken. Op het vliegveld vroeg het personeel hoe het eigenlijk zat met de bijna uitgetelde zwangerschap. Ik antwoordde charmant dat ik van nature rond van postuur was en voldoende eten had genuttigd om in te halen wat we in de oorlog hadden gemist. Of de lieve dame van de balie hier wat van geloofde, zal ik nooit weten. In elk geval liet ze mij zonder verdere controle doorlopen.

Aan boord stappen, vliegen, weggaan, dat was alles wat ik wilde.

Het vliegtuig steeg. Mijn hart bonkte van plezier. Mijn zus lachte voor de eerste keer in maanden. Ik wist niet meer dat ze ooit tanden had gehad. Ik had Zara terug. Ze lachte weer. Ze was er.

'Zara, wat lach je?'
 'Martha, ik ben zo blij. Zie je niet dat we in de lucht zitten?'
 'Ja, maar waar gaan we naartoe? Hoe lang en...hoe moeten we verder leven?'
 'Maak je daar niet druk om.'
 'Nee!?'
 'Wij zijn nog niet dood en dat is wat telt.'
 'Oké. Je hebt gelijk!'
 'We zien wel.'
 'We zullen zeker zien.'
 'Weet je, ook al stortte dit vliegtuig nu neer, ik zou er geen spijt van hebben. Jij wel?'
 'Doe niet zo gek, ik wil Kenia zien. Eerst in het buitenland komen. Weten wat vliegen is. Jij niet?'
 'Oké dan. Anders is het ook niet eerlijk voor Pepe en Nene.'
 'En voor mevrouw of meneer Anoniem in mijn buik!'
 'Dat is waar.'

Opeens voerden we samen een gezond gesprek, zonder spanning of angst. Het kon.

We waren blij te ontsnappen aan de dood, die we in onze geest allang hadden ondergaan. De goden hadden het Land van de Duizend Heuvels in de steek gelaten. Het land dat ook ik voorgoed verliet.

Nene en Pepe waren hysterisch in de lucht. Ze vonden het geweldig in het vliegtuig. Pepe had zelfs wat fantasie: 'Mama, als ik nu plas, worden de mensen op de grond nat.'

Na enkele uren vliegen kwamen wij aan in Nairobi, een stad waarvan ik vreselijk heb gehouden, met geweldig lieve mensen op wie ik ook toevallig leek. We logeerden in het YAMCA-hotel. We hadden twee bedden naast elkaar en ieder sliep met een kind.

'Nou, Zara, laten we niets denken, gewoon naar bed gaan en morgen zien we wel hoe het verder moet.'

'Prima. Slaap lekker.'

En, wonderlijk: we sliepen lekker. Het voelde als een ultiem geluk. We wisten weer hoe het voelde. Lekker slapen. Ik wilde dat gevoel nooit meer in mijn leven vergeten.

Voor ik het wist, begon ik Swahili te spreken. Zara en de kinderen ook. De taal die ik in mijn eigen land had geleerd, maar weinig in de praktijk werd gebruikt, werd ons belangrijkste communicatiemiddel in gastland Kenia. Zara kon ook goed Engels, dus samen waren we een beetje Keniaan.

Met mijn vlucht had ik mijn kinderen uit de oorlog gehaald. Ik had mijn verantwoordelijkheid genomen om de nieuwe generatie te ontsmetten van het lot van mezelf en mijn ouders. Daardoor was mijn taak als ouder voltooid voordat ik aan de opvoeding hoefde te beginnen. Het was mijn doorbraak als moeder. Hierna zal niemand durven zeggen dat ik niet gedaan heb wat ik kon doen voor mijn kroost. De rest was nu aan de toekomst. Voor mijn kinderen had ik alleen één wens: een leven zonder oorlog. Voor mijn lieve kinderen heb ik een ticket enkele reis aangeschaft. Toen ik de benen nam, droeg ik hen, zodat ze het zelf niet zouden hoeven te doen.

VERDER ZONDER JOU

Zodra ik in mijn nieuwe taal kon schrijven, was ik zo blij dat ik weer kon communiceren. Iets zwart op wit kon krijgen. Mijn nieuwe taal was geboren. Het Nederlands. Ik zocht alle moeilijke en nieuwe woorden op. Als ik over een beter geheugen had beschikt, zou ik het woordenboek in mijn hoofd gestampt hebben. Ik wilde deze taal gewoon verslinden.

Apetrots op mijn leerontwikkeling schreef ik een brief aan mijn overleden vader. Hij was de eerste aan wie ik mijn eerste brief schreef in mijn nieuwe taal, om hem te laten zien wat ik kon, zoals hij vroeger ook geen etappe van mijn ontwikkeling hoefde te missen. Ik wou hem op de hoogte houden van hoe het met me ging. Hij moet bij mij blijven, anders besta ik zelf niet. Als ik hem kwijtraak, raak ik mezelf kwijt. Mijn vaders lichaam is er niet meer is, maar hij is er in een andere vorm.

Mon cher papa,

Ik mis je, père. Ik heb je allang niet meer. Je bent al heel erg lang weg, en je blijft weg. Ik zou graag willen dat je vermist was, dan had ik het voordeel van de twijfel. Je laat niets van je horen. Zo hoort het ook, père, want je bent overleden. Hoe is het daar, père? In je wereld, je geïsoleerde wereld, zonder postbode, zonder telefoon en zonder internet?

Ik schreef je een brief, gooide die omhoog, bij jou in de hemel. Hij kwam snel terug, viel op de grond, naast mijn voet.

Hier heb ik alles, père, behalve mon papa, mon cher petit papa, van wie ik veel hou.

Mijn lieve père, wij hebben elkaar. Zara is bij mij. Hella doet alles goed. De jongens Ben, Char, de schoonzussen en de kinderen redden zich wel. Zij leven nog daar. Wij hebben elkaar, wij hebben jou niet.

We missen Bon verschrikkelijk. Marie-Anne en de kinderen. Zito, Belle en Tom hadden niet moeten doodgaan, ze waren te jong en hebben niet genoeg geleefd. Ik schrik van hun leeftijdgenoten op straat, père. Ik zie ze soms lopen in de menigte, ik zie onbekenden voor hen, ik denk dat ik ze tegenkom, telkens weer, ik vergis me, père.

Ik ga nooit meer terug naar de universiteit van Zito, noch naar de school van Belle, Tom en Isa. Ik verdraag de blikken van hun vrienden niet. Ik word er razend jaloers van, op de rand van haat, en dat wil ik niet.

Mama is zeker bij jou, met de kleine kinderen. Isa, Roos, Louisa, Gloire, Sor, Darus, Sarus en Ange Dee.

En natuurlijk de baby van Marie-Anne. Jongen of meisje. Hier kunnen we niet weten wat het geworden is. Het kind heeft hier geen naam mogen hebben, mam.

De kinderen bedekken jou zeker met duizend kusjes. Doe iedereen de groeten.

Nog iets, mam. Tante Biana kwam jullie snel achterna. Niemand heeft haar geraakt, zij heeft alleen het nieuws niet overleefd. Voor haar hoefde het ook niet meer. Doe tante de groeten, mam.

Het gaat goed, père, heel goed met mij, mijn leven gaat door. Ik woon in een ander land. Ik spreek een andere taal, ik loop een andere weg, het is geweldig. Het leven gaat door. Alleen zonder jou, in een ander ritme.

Ik blijf mezelf, heb jouw hand, heb jouw tanden, ik heb vooral jouw lach.

Ik heb heel veel van jou. Je bent bij mij. Ik ben jouw kracht en ben een beetje jou. Jij bent overleden.

Ik ben jouw dochter, père, ik werd erkend als Dochter Van.

Nu ben ik groot, een grote meid, jouw kleine meid.

Het leven is anders, père. Toen je me verliet, werd ik gedwongen mezelf te zijn. Snel te groeien. Het is even wennen, père, verder zonder jou. Ik red het wel, alleen moet je dit weten, het is niet simpel.

Ik mis jou heel erg, ik mis iedereen, ik ben een wees, en heb kinderen.

Ik zou niets kunnen, niets zonder jou.

Nu heb ik het gevoel, een erg fijn gevoel, veel van jou te hebben, een beetje jou te zijn. Ik hou van jou.

Het komt allemaal goed, père, ik reken op jou, ook al ben jij overleden, je blijft bij mij, ik heb je nodig.

Ik heb een erfenis, père, ik ben van jou, als Dochter Van ga ik verder, verder zonder jou.

Je bent mijn kracht, père. Je bent en blijft mon cher petit papa, de rots waartegen ik leun.

Liefs,
jouw Martha Maria

Zodra ik op de taalschool had geleerd mij op papier uit te drukken, heb ik erg veel zulke brieven geschreven. Ik heb ze vooral weggegooid of verbrand. Niemand mocht ze zien. Toen ik mijn vriendin Petra heb leren kennen, vertelde ik haar van de brieven die ik altijd liet verdwijnen. Ze vroeg of ik alles had vernietigd. Dat had ik inderdaad gedaan. Alleen deze brief had ik nog, omdat ik er geen afstand kon van nemen. Petra kreeg hem te zien, hoewel ze erom moest smeken. Ik vroeg haar de brief voor mij te bewaren, zodat ik hem niet hoefde te verbranden. Bijna tien jaar later wou ik de brief weer zien. Petra had hem goed bewaard.

Petra heeft het hart op de juiste plaats. Ze is een oprechte vriendin, een van de weinige mensen in dit land die niet te veel voor hun huis hebben betaald. Ze is evenwichtig en begrijpt de zin van het leven. Met haar kan ik praten. Bij haar heb ik geen taalachterstand gekend.

Toen ik een beetje Nederlands kon lezen, spreken en schrijven, was er geen sprake van dat ik de taalschool zou afmaken. Ik was ongeduldig. Na ruim een half jaar weer in de schoolbanken vond ik het mooi geweest. Ik was een volwassen vrouw met drie kinderen en de schooltijd had ik allang achter de rug. Op die leeftijd en in die omstandigheden, als vluchteling, hoorde ik te werken, geld te verdienen, productief deel te nemen aan de actieve groep van de maatschappij waar ik thuishoorde. Dat zou ook zonder twijfel kunnen. Ik kon lezen en schrijven, spreken ging ook wel, maar luisteren kon ik niet zo goed, want ik zei meestal 'ja' op alles wat ik niet gehoord had. Als je de taal niet begrijpt, is focussen vermoeiend en die 'ja' verlossend. Het was een beetje dom. Ik vreesde ooit iets toe te geven waar ik niet compleet zou achter staan. Maar het was een deel van de zure appel waar ik doorheen moest bijten.

Ik meldde me aan voor het staatsexamen Nederlands als Tweede Taal (NT2). Volgens mijn docent was ik nog niet zover om de toets af te leggen. Stiekem heb ik me toch opgegeven, om mezelf te testen. Het nadeel hiervan was dat ik zelf de examenkosten moest ophoesten, want ik was niet door de school aangemeld, en dus had ik geen toestemming van de gemeente om het staatsexamen af te leggen. Alleen met deze toestemming kreeg de vluchteling de kosten vergoed. Ach, ik haatte bijna deze cultuur waarin alles om geld draait. Wat kan de gemeente die tweehonderd gulden schelen? Maar nee, regels zijn regels! Zelf betalen vond ik een probleem, maar ik deed het. Met de bijstandsuitkering kon ik moeilijk zo'n bedrag missen. Het was al een beetje vernederend dat ik geld kreeg van de staat zonder dat ik ervoor hoefde te werken, en mijn leerproces ook nog aan iemand anders overlaten, ging mij een beetje ver. Die gratis behandeling was wel goed, maar als het aan mij lag, wou ik liever werken voor de kost.

Het staatsexamen was inderdaad moeilijk en bestond uit vier items: lezen, schrijven, luisteren en spreken. Tot mijn verbazing haalde ik voor twee items een voldoende, namelijk schrijven en spreken. Ik was al voor

vijftig percent geslaagd, een reden om de toekomst met een glimlach tegemoet te gaan.

Omdat ik veel zin had in werken en misschien later werk en leren te
combineren, heb ik de taalschool verlaten om te proberen wat ik geleerd
had in de praktijk om te zetten. Het was nog niet veel, maar bijna voldoende voor een kennismaking op de arbeidsmarkt. Ik was haast dertig
en hoorde productief te zijn.

In de krant zag ik een advertentie staan van een verpleeghuis dat personeel zocht om sanitair schoon te maken. Ik dacht: waarom niet solliciteren, al is het gewoon om het verpleeghuis vanbinnen te zien? Ik
was toch verpleegkundige, en dat wou ik ook blijven. Een zorginstelling
vanbinnen begluren was mooi meegenomen. Dat ik echt sanitair wou
schoonmaken, was helemaal niet het geval. Ik wou mensen wassen, dat
was mijn beroep. Dat zou ik zeggen als ik de kans kreeg de werkgevers te
zien, en deze advertentie was zo'n geschikte kans.

Mijn sollicitatiebrief was bescheiden, in de woorden die ik op de taalschool had geleerd. Gelukkig kreeg ik een positief antwoord, in de vorm
van een uitnodiging voor een sollicitatiegesprek. Op mijn oude tweede-
handse fiets ging ik eerst op pad naar het verpleeghuis om in te schatten
hoe lang de fietstocht zou duren. Het was niet naast de deur en ik moest
niet te laat komen op een sollicitatiegesprek. Dat had ik nadrukkelijk
geleerd van de taaldocent. Niet te laat, maar ook niet te vroeg. Zich vijf à
drie minuten voor de afgesproken tijd melden was een prima timing. Bij
afspraken hou ik er nog steeds rekening mee.

Op de dag van het gesprek trok ik mijn chicste kostuum aan. Ik had
het jaren geleden van Karl gekregen toen hij het mee terugnam van zijn
zakenreis naar Brussel. Waarom zou ik het thuislaten? Ik had het toch in
de kast hangen en had geen andere feestelijke gelegenheden om ermee te
pronken. Trouwens, zo kon ik ook de indruk wekken dat ik niets te maken wilde hebben met wc's schoonmaken. Ik was iemand. Een persoonlijkheid. Dat zou ik hen doorgeven en ook uitstralen door middel van

mijn outfit. Ik was een chique, gecultiveerde dame, en die maken geen carrière in sanitair schoonmaken. Heerlijk, zulke gedachten. Je moet anderen geen gelegenheid geven je zelfbeeld naar beneden te halen.

Ik werd ontvangen door een commissie van drie mensen. De eerste indruk was dat ze me serieus hadden genomen. Ze hadden tijd vrijgemaakt en ik ging netjes aan de grote ronde tafel zitten. De advertentie had ik meegenomen, zodat ik niet veel vragen hoefde te beantwoorden over hoe ik aan informatie over deze baan was gekomen. Ik kende niet zo veel Nederlandse woorden om moeilijke en lange gesprekken te voeren. Daarom was elk hulpmiddel op het gebied van communicatie meer dan gewenst. Dat ik kranten, tekeningen en gebaren kon inzetten om beter te communiceren met mijn omgeving, vond ik alleen positief en creatief.

Op de vraag of ik wist wat sanitair schoonmaken betekent, luidde mijn antwoord dat ik het wel wist, maar dat ik vooral gelet had op het begrip *verpleeg*huis, omdat ik ook mensen heb leren wassen. Dat prefix had mij op het idee gebracht om voor deze functie te solliciteren, omdat het in de context van mijn beroepsprofiel past, namelijk verpleegkunde. Ik gooide er lekker moeilijke termen tegenaan, om op niveau te blijven.

Ik kon voor het eerst mijn echte beroep ter sprake brengen, en dat voelde goed. Ik was een carrièremoeder en wilde en zou dat blijven, hoe laag onderaan ik ook zou moeten beginnen. Zelfontplooiing is mijn troef. Mijn levensvreugde.

Ik hoefde niet per se het sanitair schoon te maken. Ik kon beter. Mijn diploma was inderdaad ongeldig verklaard, maar van het ministerie van Justitie had ik de toestemming om als verpleeghulp te werken.

He gesprek – waarin ik lekker Nederlandse woorden bleef lozen – duurde een vol uur. Daarna ging de sollicitatiecommissie zich beraden. Ik bleef netjes in hun mooie salon wachten met een heerlijk kopje thee met suiker. Toen vond ik de suiker nog lekker zoet, zonder te vrezen hoe dik men ervan wordt. Ik had nog geen luxeprobleem.

Na een poosje kwam een vrouwelijke medewerker naar me toe met de mededeling dat ik de volgende dag mocht beginnen als verpleeghulp. Men zou evalueren of de baan iets voor mij was voordat ik een contract kon krijgen. Geweldig! Het begrip contract was al gevallen. Ik was een tevreden mens. Er was in ieder geval hoop voor de toekomst, misschien bij andere verpleeghuizen, als mijn taalniveau wat gevorderd was.

De volgende dag om zeven uur was ik present. Ik waste mensen en probeerde ook wat in gesprek te komen met de bewoners. Alleen was ik slecht te verstaan, en dat waren ze niet gewend. Maar ze gaven me lieve complimenten: dat ik toch tijd nam voor hen en hen volledig en aandachtsvol waste. Daar was ik erg blij om. Ik was een vakvrouw. Dat hadden de verpleeghuisbewoners zelf gezien. Is het niet aan hen de kwaliteit van de zorg die ze krijgen, te beoordelen? Ze hadden me goedgekeurd en dat deed me goed. Mijn trots was terug van weggeweest.

Mijn eerste werkdag als verpleeghulp werd gekenmerkt door voornamelijk niet kunnen omgaan met hulpmiddelen als rolstoel, allerlei protheses en verschillende toiletattributen. Ik wist niet wat shampoo was en wat douchecrème. Sommige mooie nachtjaponnen nam ik voor zachte bloesjes aan. Kortom, alles wat vanzelfsprekend was in dat moderne verpleeghuis had ik in Afrika niet meegemaakt. Te modern, te ingewikkeld, te rijk, te veel, te luxe. Alleen de bewoner, de patiënt, de cliënt, de persoon was identiek aan de Afrikaanse patiënt. Wassen kon ik wel, maar daar was het werk meer dan mensen wassen. Je moest bijvoorbeeld ook mensen in de rolstoel helpen, en ik was bang ze te laten vallen en iets te breken. De moderne apparatuur kon ik niet bedienen. Ik had training nodig. Ik straalde meer verbazing dan werktempo uit. Ik was continu onder de indruk van al die mooie ingewikkelde machines. Ze piepen, ze zijn van lampjes voorzien, ze gaan omhoog, terug omlaag, en ik kon de juiste knoppen voor al die ontelbare functies nooit vinden. Aan het eind van mijn dienst kreeg ik te horen dat ik de volgende dag niet hoefde terug te komen. Ik was vooral te langzaam en had over bijna alles vragen. Ze zochten een werker, geen leerling. Teleurgesteld was ik wel, maar niet in mezelf. Ik was op sollicitatiegesprek geweest en was aangenomen, en niet eens om sanitair schoon te maken.

De teleurstelling viel dus mee. Mijn verwachtingen waren ook niet zo hoog geweest. Ik moest eerst de taal verder leren en had gemerkt dat die in de echte maatschappij een ander tempo had. Volgens mij sprak iedereen ook dialect – de een al iets duidelijker dan de ander. Het kostte me veel energie anderen te volgen. Ze zeiden weinig van wat ik op de taalschool had geleerd en kon herkennen. Later zou een collega tegen me zeggen dat ik de schrijftaal gebruikte en niet de spreektaal – ik praatte zo alsof ik las. Ach, nog meer kansen richting zelfontplooiing, dus.

Na ongeveer twee maanden begon ik weer werk te zoeken via uitzendbureaus. Ik had gehoord dat die minder eisen stellen, omdat ze geen langdurige contracten hoeven te bieden. Ik stapte bij het eerste bureau dat ik in de stad zag naar binnen en vroeg of ze *infirmières* nodig hadden. De aardige intercedent corrigeerde me en zei dat die functie hier 'verpleegkundige' wordt genoemd. Dat wist ik wel, maar ik voelde me nog niet zo. Hij vond mijn taalniveau aan de lage kant, maar ik legde hem uit dat ik niet op de taalschool kon blijven zitten en het in de praktijk wilde leren. Volgens hem had ik niets te verliezen. Ik mocht naar een verpleeghuis om het als verpleeghulp te proberen. Als het niet ging, kon ik alsnog de taal verder leren.

Mijn eerste job in een tweede verpleeghuis lukte ook niet, maar deze keer lag het niet alleen aan mijn beperkte capaciteiten. De collega's die me moesten begeleiden, hadden het druk, en ze hadden iemand verwacht die een handje kwam helpen en niet allerlei vragen stelde over de werking van apparaten. Ze besteedden geen enkele minuut aan mijn aanwezigheid, negeerden me compleet en haastten zich het uitzendbureau te bellen om me te laten ontslaan. Hun wil werd helaas gehonoreerd. Dat was mijn eerste ontmoeting met 'gemene' mensen.

Dit keer begon ik me toch af te vragen of ik niet iets moest bedenken, een manier vinden om minstens twee dagen te werken. Ik was na mijn eerste werkdag steeds op staande voet ontslagen. Er moesten dus ongetwijfeld nog andere dingen dan alleen maar taal en techniek verbeterd worden, en ik moest er zelf zien achter te komen welke. Misschien was ik ook niet sympathiek genoeg. Ik moest leren strategisch te denken en meer openheid te tonen naar de anderen. Laten zien wat ik kon, hoe weinig het ook was, en vooral laten weten wat ik wenste, waarmee ik geholpen wilde en moest worden.

In verpleeghuis nummer drie kreeg ik de ziekenverzorgster te zien die mij ging inwerken. Maris was rustig en sympathiek. Ik vertelde haar dat ik bijna twee jaar in het land was, de taalschool te lang vond duren en graag in de zorg wilde werken. Ik zei ook dat ik deze keer heel graag de volgende dag wilde terugkomen, en vroeg of ze me ook de volgende dag wilde begeleiden. Ik vroeg haar langzaam te praten en voor de zekerheid alles twee keer te zeggen. Als ik dingen niet begreep, zou ik ernaar vragen. Zo gezegd, zo gedaan. Mijn collega had toevallig ook de dag erna dienst, en ik mocht terugkomen en ingewerkt worden door haar.

De dag verliep zonder incidenten. Ik kreeg zelfs een compliment van Maris dat ik goed had gewerkt. Mijn hart klopte sneller van plezier. Ik had de sleutel van het succes ontdekt. Communicatie. Ik zorgde weer voor mensen en mijn leven kon niet meer kapot. Ik werd deze keer niet ontslagen, en dat betekende een enorme vooruitgang in mijn carrière.

Hierna volgden er geen ontslagen meer. Na vier maanden als uitzendkracht solliciteerde ik voor een vaste baan. Het lukte me. In combinatie met mijn vaste baan ging ik HBO- verpleegkunde studeren. Niet alleen was de behoefte mijn beroep op een hoger niveau te brengen te sterk; studeren was ook een manier de taal verder te leren en de maatschappij te ontdekken. Boeken moest ik lezen en leren. Boeken, daaruit haal je hoe je het in het leven kunt redden. Dat was het antwoord van mijn vader geweest toen ik hem vroeg hoe ik het in het leven zou redden:

'Schat, lees de boeken, alles staat erin.' Ik ging naar school om boeken te lezen en om geholpen te worden. Ik beheerste de taal waarin ze geschreven waren niet goed, maar het lukte beter en beter. Ondertussen werkte ik ook om mijn studie te kunnen betalen. Anderen vonden mij druk, maar ik vond mezelf iemand die kon combineren. Ik was bijna de vrouw die ik altijd wilde zijn: een carrièremoeder.

Mijn eerste vaste baan heb ik als heel leuk ervaren. De sympathie die ik voor mijn collega's had, was wederzijds. Ze hielpen me met de taal, waren geduldig en ik genoot enorm van hen en de werkzaamheden in ons verpleeghuis. De hulpmiddelen en apparaten vond ik plots gaaf om te bedienen. Ik sprak nog gebrekkig Nederlands, maar mijn team kon me goed verstaan. Op de een of andere manier hadden mijn collega's zich aan mij aangepast, en deze tweerichtingsintegratie op zich deed me al veel plezier. Het was prettig ergens bij te horen, weer contact te hebben en een relatie op te bouwen met oprechte mensen.

De dag van mijn sollicitatiegesprek voor de vaste baan had ik te horen gekregen dat ik niet veel zou verdienen – juist iets boven of bijna gelijk aan het minimumloon. Daar zat ik niet mee. Geld speelde geen rol: het ging om de erkenning als mens. In Afrika had ik geleerd tevreden te zijn met weinig, en gelukkig zou ik die eigenschap ook in Europa vasthouden. Soberheid zal ik blijven beschouwen als een solide menselijk eigenschap.

Op de vraag wanneer ik zou kunnen beginnen met werken, zei ik dat ik vanaf de volgende dag beschikbaar was. Ik had een baan en wilde niets liever dan van start te gaan. Er werd mij een flexibel contract aangeboden, zodat ik werk en zorg voor mijn kinderen kon combineren. Het was het prettige begin van mijn carrière in de zorgsector.

Er werd hard gewerkt op de afdeling, maar we hadden veel plezier. Om mijn taalniveau te bevorderen vroeg ik mijn collega's mij te begeleiden met rapportages schrijven. Mijn voorstel was dat ik op een stukje papier mijn dagrapportage zou schrijven en de gecorrigeerde versies in het cliëntendossier zou overschrijven om het fatsoenlijk en professioneel te houden. Toen werkten we nog met schriften. Daarna kwam de computer en begon ik de handschriften van iedereen te missen.

Iedereen hielp mee met corrigeren van mijn dagverslagen. Er viel meestal wel wat te lachen, bijvoorbeeld met de amusante kromme zinsconstructies, maar de leergierige sfeer was geweldig. Ik heb geleerd mezelf in alle openheid te laten corrigeren. Een mens raakt toch nooit uitgeleerd, of het nu om de taal gaat of om andere zaken. Gelukkig ook maar. Vanaf de eerste dag in Nederland had ik in de gaten dat elke dag een leerdag zou zijn, en nog steeds leef ik met dit motto: 'een dag niet geleerd is een dag niet geleefd'.

De dag waarop mijn collega's na onze werkdag afscheid van me namen, besefte ik dat de weg nog lang was. Zo moest ik nog leren de spreekwoorden toe te passen om de taal nog mooier te maken. Mijn collega Imke wist me altijd huiswerk te geven, zoals dit, bijvoorbeeld.

'Martha, heb je lekker gewerkt?'

'Ja, heerlijk Imke, jij ook?'

'Ja, ik ook.'

'Nu ga ik gauw naar huis, ik moet de kinderen ophalen van school.'

'Je bent een bofkont, ik moet de hele dag, jij een halve.'

'Een wat? Ik ben geen kont, schei toch even uit, jongedame!'

'Een bofkont, Martha, je weet niet wat dat betekent, hè?'

'Nee, wat dan, zeg het eens.'

'Ja, je moet nog veel leren, hè! Het is een spreekwoord. Het betekent dat je geluk hebt.'

'Heb ik geluk dan?'

'Natuurlijk, je mag om elf uur weg, ik moet de hele dag werken.'

'Oh ja, zo heb ik inderdaad geluk. Ik mag naar huis. Mijn kont boft!'

'Oh, oh, jonge dame, je bent een bofkont, het heeft weer niets te maken met die kont van jou.'

'Ach, ik geef het op. Ik mag blij zijn als ik het goed doorheb.'

'Precies. Tot morgen en denk eraan...'

'Wat dan weer? Tot morgen toch!'

'Ja, morgen hebben we een drukke dag, maak je borst maar nat.'

'Ik, wat zeg je nou weer, Imke? Mijn borsten, deze borsten (ik legde de hand erop) nat maken? Waarom?'

Ik had een geschokte toon aangeslagen, omdat ik het beledigend vond als mijn collega's over mijn borsten begonnen te praten, maar zij begonnen allemaal keihard te lachen. Ik was gerustgesteld. Er was sprake van plezier, godzijdank! Ik rende naar de lift, dan naar de bus.

Maar de opmerking over de borst die natgemaakt moest worden, hield me de hele avond bezig. Ik had van seksuele intimidatie gehoord, maar het nooit openlijk meegemaakt. De volgende dag vroeg ik aan Imke of 'borst natmaken' ook wat te maken kon hebben met seksuele intimidatie. De borsten werden er toch in genoemd? Dat ik ze ook nog nat moest maken, ging haar toch niets aan! Wat ik onder de douche deed, was mijn zaak en hoefde toch niet uitgebreid op mijn werk besproken te worden!

Mijn hoofd dwaalde als er spreekwoorden werden gebruikt. 'De kat uit de boom kijken', bijvoorbeeld, vertaalden mijn hersenen letterlijk. Ik maakte dan een voorstelling van de kat, in de boom, waarnaar ik kijk. Tja, wat moet het anders betekenen?

Onderweg naar huis vroeg ik me af of ik ooit mijn taalniveau naar het gemiddelde zou kunnen brengen. Ik werd te veel uitgelachen en dat vond ik niet leuk. Mensen maken soms misbruik van vreemdelingen in de buurt. Dat doet pijn: je probeert op ze te lijken, maar zij maken een soort circusobject van je. Deze mensen zouden moeten weten dat plezier pas als plezier wordt ervaren als het wederzijds is. Anders is het pesterij, agressie of belediging.

In ons verpleeghuis werden minder verpleegkundige handelingen verricht dan ik in Afrika had geleerd en gewend was. Ik moest vooral mensen wassen, bedden opmaken, eten geven en helpen met de toiletgang. Op een gegeven moment begon ik de handelingen te missen die ik toch ooit trots had verricht in verschillende ziekenhuizen in Afrika.

Ik dacht zoiets simpels te mogen doen als de bloeddruk meten, maar hoorde van mijn collega's dat dit eigenlijk door gediplomeerde ziekenverzorgers gedaan moest worden, en niet door verpleeghulpen. Soms wilde ik zeggen dat ik meer in mijn mars had, maar ik durfde niet. Ze zouden het misschien arrogant vinden.

Een keer zei ik toch dat ik ook bloeddruk kon meten en mensen inspuitingen geven. De gezichtsuitdrukkingen waren op dat moment niet uitnodigend, wat mij het gevoel gaf dat ik op 'mijn' niveau moest blijven, om zoiets als een werkconflict te vermijden. Het frustreerde me, maar deed me vooral voelen dat mijn niveau hoger lag dan verpleeghulp. Daarom ging ik HBO doen. Studeren bevrijdt mij.

De Hogeschool voor Verpleegkunde bevond zich op tien minuten van het station. Ik meldde me aan voor het volgende academische jaar. Ik zou als deeltijder twee keer per week 's avonds naar school gaan, vier keer vier uur als verpleeghulp werken en de rest van de tijd aan mijn gezin besteden. Ik had opeens een druk leven en dat vond ik fijn. Ik telde weer mee in de maatschappij. Ik was lekker productief bezig. Het geluk kwam naar mij toe, ik joeg het niet na.

De toenmalige coördinator van de hogeschool nam mijn aanmelding serieus en respectvol aan. Ik was al verpleegkundige geweest. Ze had er vertrouwen in dat ik het HBO-niveau aankon. Ondertussen zou ik ook het deel 'luisteren' van het NT2 gaan volgen. Er was dus geen reden me niet te laten beginnen. Ik moest de school zelf betalen. Dat vond ik prima. Als iemand anders voor mij moest betalen, zou ik ook meer moeten werken, en dat was niet te combineren met mijn gezinssituatie. Ik zou doen wat ik van mezelf verwachtte en niet wat de ander van mij verwachtte.

Na vier jaar kreeg ik een HBO-V-getuigschrift. Ik was nu gediplomeerd en zou een baan zoeken en vinden die voldoende perspectieven tot zelfontplooiing te bieden had.

Heerlijk als de ontwikkeling tot succes leidt. Super als de kansen tot nieuwe kansen leiden, waardoor de mens de passie behoudt de menselijkheid te ervaren. De dag van mijn diploma zweefde ik weer hoog in de wolken.

INTEGRATIE

Een jaar na het verblijf in het asielzoekerscentrum kregen we eindelijk een eigen flat in het midden van het land. De ligging hadden we zelf aangegeven. In het midden kun je je makkelijk verplaatsen naar andere richtingen, en dat vonden we belangrijk. Verder hadden we geen wensen. We kenden niemand in het land. We hadden geen familieleden bij wie we in de buurt konden wonen.

De woonomgeving vond ik heerlijk, vooral omdat er weinig dialect werd gesproken. Ik zou dus gemakkelijk het Algemeen Nederlands kunnen leren en op die manier snel met mensen kunnen communiceren. Bovendien was het makkelijk om vanuit deze middenregio naar werk of een school ergens anders te zoeken, en te profiteren van de goede verbinding met het openbaar vervoer. Omdat we toen geen auto hadden en ik geen rijbewijs had, wilden we ergens wonen waar we gemakkelijk met de bus konden gaan. We konden intussen gelukkig ook aardig fietsen, maar hadden nog geen fiets in ons bezit.

Terwijl Nene en Pepe naar de basis- en kleuterschool gingen, nam ik Hannah mee naar de crèche van de taalschool. Nadat we uit de bus waren gestapt, viel het kind lekker in slaap op mijn rug, bijna elke dag. Daar had je inderdaad een pure Afrikaanse vrouw lopen, met een baby in een omslagdoek op de rug, midden in Nederland. Ik bleef de aspecten van mijn cultuur koesteren. Een kinderwagen kon ik niet gebruiken. De warmte, het contact, het plezier van een heerlijk slapend kind op de rug: dat kon de moderne cultuur mij niet afpakken. Ik had wel een kinderwagen, maar hij verving mijn rug niet op de momenten dat ik zelf mijn kind wilde voelen en het mij laten voelen.

Op straat werd ik aangestaard, maar diep in mijn hart wist ik waarvoor ik het deed. Dat maakte mij alleen nog trotser op mijn Afrikaanse cultuur. Mijn integratie in mijn nieuwe land begon met het erkennen en genieten van mijn eigen normen en waarden en eraan toe te voegen wat ik me van de nieuwe cultuur eigen wilde maken. Ik vond het heerlijk de twee culturen te mogen vergelijken en complementair naast elkaar te laten bestaan.

Op de taalschool kwam ik voor het eerst echt in contact met andere mensen. Ik maakte vrienden en het leven begon weer ergens op de lijken. Het gevoel van een opgeleide analfabeet dat mij beheerste vanaf mijn landing op Schiphol werd langzamerhand vervangen door een klein beetje hoop. Ik begon weer over een andere toekomst te dromen en de wanhoop die ik in het centrum had gekweekt, verdween als sneeuw voor de zon.

Na drie maanden op de taalschool wist ik al dat er een gratis krant werd uitgedeeld en dat 'advertentie' een plek betekent waar je werk kan vinden. Mijn taalniveau was op dat moment nog heel laag, maar het feit dat er nieuwe kansen en mogelijkheden zouden komen, maakte me gewoon blij. Ik zou de gratis krant in de gaten houden en werk zoeken in de zorg. Ik wist dat mijn diploma niet geldig was, maar kon toch niets anders doen dan voor mensen zorgen – het enige beroep dat ik als bagage naar hier heb meegenomen. De wet zou ik niet kunnen beïnvloeden, maar ik zou mezelf oprapen en reconstrueren tot wie ik ben en tegelijkertijd mezelf ontplooien volgens de nieuwe mogelijkheden. Ik zou een dubbele burger worden, een uit de derde wereld en een westerse mens. Ik zou me ontwikkelen tot een rijpe vrouw met een brede kijk op de wereld. Ik zou me richten op nieuwe perspectieven, mijn zelfontwikkeling toelaten, maar ook mijn tradities koesteren. Er zouden geen hiaten in mijn ik worden geconstateerd, maar een levenservaring van betekenisvolle omvang, dankzij mijn biculturele achtergrond. Het catastrofale verleden hoefde mijn toekomst niet te verpesten, anders was ik voor niets overgebleven.

Doordat ik 's middags voor de kinderen thuis moest zijn, ging ik alleen 's morgens naar school, waar ik vooral de grammatica leerde. 's Middags kon je je uitspraak oefenen in het taalpracticum. Die oefeningen heb ik nooit kunnen doen omdat ik nog niets voelde voor het hebben van een oppas, laat staan dat die betaalbaar zou zijn geweest. Bovendien was ik heel plichtsgetrouw. Nene en Pepe waren nog klein en hadden een moeder nodig, en ik had ze hard nodig om een start te maken in een vreemd land. In deze periode, alleen bij mijn kinderen, voelde ik me het meest op mijn gemak. Zij waren geen vreemden. Mijn baby liet de warmte in mijn bekoelde geest weer vloeien. Het kind was er meer voor mij dan alleen andersom.

Zorgen voor de kinderen was destijds heel belangrijk, nog belangrijker voor mezelf dan voor hen. Als moeder was ik geen lid van de laagste laag van de maatschappij. In eigen land hoorde ik vroeger niet tot deze laagste laag. Nu wel, tot mijn verdriet en pijn. Ik was onderaan geclassificeerd, bij de zogenaamde analfabeten, bij allochtonen, vluchtelingen (beter dan asielzoekers), bewoners van achterstandswijken met lage inkomens, werklozen, agressievelingen, gescheiden mensen, verslaafden. Mijn ziel smachtte naar een doorsneebenaming. Ik zou mezelf moeten ophijsen

Een bepaald etiket opgeplakt krijgen in de samenleving was buitengewoon pijnlijk. Elke dag moest ik me richten op het feit dat ik geen keuze gemaakt had om hier te komen. Ik was blij dat ik leefde en moest dankbaar blijven. Ja, dankbaar zijn en blijven. Geen gezond mens wil dat. Dankbaar zijn en rustig blijven is geen levensdoel.

Als erkend vluchteling had ik alle rechten om te werken, te studeren, mezelf te ontwikkelen en van de mogelijkheden te profiteren die in het land beschikbaar zijn. Maar dat is allemaal theorie. De meeste vluchtelingen hebben een traumatisch verleden achter de rug en dramatisch genoeg krijgen ze hiervoor geen psychologische assistentie bij hun komst in het nieuwe land. Niet zo gek dat er veel schandalige feiten volgen, ook nadat je gevlucht bent. De slachtofferhulp staat voor anderen klaar, maar vluchtelingen staan niet op hun werklijst. Er is geen hulpverlener die zich over hen ontfermt. Ze moeten integreren, maar hoe het verder met hen zal gaan, dat ontgaat het land.

Ik was vooral bezig met proberen mezelf te overstijgen, om weer het gevoel terug te krijgen een compleet mens te zijn. Ik wilde niet veel. Ik wilde alleen mezelf hervinden en de vrouw worden die ik vroeger was. Er werd mij een plek toebedeeld in deze maatschappij die ik niet zomaar kon accepteren, omdat ik mezelf daarin niet herkende. In totale discretie heb ik mezelf toen beloofd er alles aan te doen om de Martha van toen te hervinden. Dan pas was ik in staat weer gelukkig te zijn. Mijn begin hier als vluchteling was het begin van een herontdekkingsreis naar mijn eigen persoon. Ik was niet overgebleven om mezelf weer te laten verdwijnen.

Ik was bijna dertig en vond me te oud om weer het alfabet te gaan reciteren. Maar ik kon er niet omheen. Door de omstandigheden werd ik gedwongen aan mijn eigen kunnen en mezelf te twijfelen. Waar kon ik in godsnaam beginnen om in dit land mezelf te hervinden? En hoe moest mijn nieuwe zelf eruitzien? Ik had geen voorbeelden meer. Wie kon mijn model zijn om te volgen? Al die buurbewoners? Oh, nee! Iemand van de televisie misschien, maar ik snapte de taal nog niet om de media te volgen en zo het land te leren kennen. De taak mezelf met het onbekende te identificeren leek mij een onmogelijke missie, die toch volbracht zou moeten worden.

In Nederland vond ik het beter een voorbeeld te nemen aan andere vrouwen van mijn leeftijd en met dezelfde gezinssituatie. Wat hebben ze bereikt? Hebben ze kinderen? Wat is hun opleidingsniveau? Zijn ze getrouwd? Gescheiden? Hebben ze een eigen huis? Auto? Fiets? Roken ze? Drinken ze? Gaan ze uit, waar en met wie? Hoeveel verdienen ze?

Poetsen ze zelf of hebben ze een hulpje? Hoe kleden ze zich aan? Zijn ze dik of dun? Wat zijn hun hobby's? De lijst kende geen einde. Nou, nu mocht ik aan de slag. Ervoor zorgen dat ik mijn eigen versie hieruit kon maken, en snel, voordat ik me zou beginnen te vergelijken met degenen van vijftig of meer. Al die rimpels, afgezakte billen en hangende theezakjes waar ooit de borsten te vinden waren, opvliegers...Oh, nee! Hier vooral niet aan denken. Ik wilde bijna dertig zijn, nog even. Ik zou hun wijsheid gewild hebben, alleen niet te vroeg. Die zou wel vanzelf komen als ik zover zou zijn.

Ik vond dat ik mezelf moest inhalen, op het niveau van een dertigjarige gaan leven, omdat ik niet geloofde dat mijn verleden, mijn talen, mijn opleidingen en curriculum vitae onbenut zouden blijven in mijn nieuwe ontwikkeling. Mijn verleden zou de basis zijn voor een nieuwe start op het gebied van persoonlijke, professionele en maatschappelijke groei. Het zou de kern vormen voor mijn toekomstige ik. Ik wilde graag een Nederlandse vrouw worden, naast de Rwandese vrouw die ik zeker al had geërfd van mijn geboorteland. De twee culturen waarvan ik erg hou, zijn dus in mij verenigd, en ik ben benieuwd naar wat die ingrediënten over een poos zullen opleveren. Zo ben ik van plan het leven aan te pakken, als een ontdekkingsreis naar mijn nieuwe ik. De bestemming bekijk ik van dag tot dag, en ik kan het je vertellen: ik kom dagelijks ergens terecht.

Dat ik me zal moeten aanpassen aan de gebruiken, gewoonten, waarden en normen van het land dat mij als burger geaccepteerd en geadopteerd heeft, vind ik niet alleen vanzelfsprekend; ik ervaar dit proces als een vitale menselijke behoefte.

Soms heb ik de indruk dat 'de Nederlander' in mijn omgeving dit integratieproces miskent. De kern ervan wil hij niet echt kennen. Hij is al in zijn eigen land, maar toch. Ik beweeg naar hem toe en verwacht zijn tegemoetkoming. Integreren is net als dansen. Er moet samenwerking, samenhorigheid en lenigheid zijn in onze manier van met elkaar omgaan, anders zijn we met een utopie bezig. Integratie moet een wederzijds proces worden als we er met zijn allen betere resultaten van verwachten.

Degenen die deze weg moeten afleggen, zijn juist in staat de integratie te begrijpen, ook omdat ze andere maatstaven gebruiken dan alleen hun eigen verleden. Ze kijken naar de levensvormen van de bewoners in het land en kiezen daaruit bewust of onbewust hun modellen. Maar wat doet de andere partij op het gebied van de integratie, behalve een hard oordeel uitbrengen? Met de andere partij bedoel ik niet alleen de overheid, maar ook degenen in de buurt van de integratiekandidaat, zoals collega's en buren. Wil de Nederlander ook dat de nieuwkomer zijn oprechte plek in dit land krijgt? Wil hij dat ook wanneer het niveau van de nieuwkomer het hunne zal overstijgen? Hiermee wil ik alleen maar zeggen dat ik als nieuwe Nederlander ook ambities heb en koester. Dat is inherent aan de mens. Ik zou tegen mijn landgenoten willen zeggen dat ik naar hen toe integreer en wat respons verwacht. Voor een betere toekomst voor ons beiden, ons land en onze kinderen. De wereld wordt steeds kleiner. Ons eigen land is grenzeloos. De mentaliteit evolueert. Degene die de menselijke bewegingen niet volgt, kan van zichzelf vervreemd raken. Zichzelf vasthouden kan niet meer in deze beschaafde samenleving.

Het wordt tijd dat de integratie van twee kanten komt. Degene naar wie de hand wordt gereikt, moet zich aangesproken voelen, anders zijn we met zijn allen met niets bezig. Of zou de heer Wilders inderdaad onze richting moeten bepalen? Dat noem ik de beschaving in zijn achteruit.

Integratie is een soort communicatie waarin iedere partij zijn rol en betrokkenheid bewust moet spelen. Blijf niet hangen in de vooroordelen en valse beelden die alleen fungeren als zelfbescherming in de vorm van vijandigheid. Wees beschaafd, ken jezelf en begrijp dat mijn integratie ook bij jou ligt. Alleen zo zijn we allebei trots op dit mooie land waar zoiets als gelijke rechten zijn troon heeft gevestigd. Jij bent de Nederlander, en ik niets minder, ook al draag ik geen klompen.

De weg naar integratie is moeizaam. Daarom zijn taal en scholing van cruciaal belang. De eerste woorden op de taalschool hebben betrekking op het dagelijkse leven: wonen, huishouden, naar de dokter of de markt gaan, reizen. Zo leer je dat de slager slacht, de bakker bakt, de huisarts helpt bij ziekte en de conducteur in de trein reisdocumenten controleert.

Maar in de praktijk betrap je jezelf erop dat je bijvoorbeeld de worst bij de bakker gaat halen, omdat je die twee beroepen nog niet goed in je hersenen gestampt hebt. Het mooiste van zulke blunders is dat je altijd door de omgeving wordt gecorrigeerd. Tot op dat punt is het voor de Nederlanders nog plezierig een nieuwkomer te helpen met integratie. Op dat niveau ben je nog geen bedreiging. De problemen beginnen zich te ontpoppen als je bijvoorbeeld tien jaar later dat hoge diploma ook behaald hebt, die promotie op het oog hebt en voor die heerlijke functie gaat solliciteren. Dan worden je huidskleur, je uitspraak, de mate waarin je de taal beheerst, de lengte van je naam, de mate waarin je je de Nederlandse normen en waarden eigen hebt gemaakt aan de kaak gesteld. Ook degene met wie je getrouwd bent of samenwoont, wordt niet buiten beschouwing gelaten. Hier moet het integratieproces opnieuw de revue passeren – deze keer bij bedrijven en management, want de buren doen het inderdaad al tien jaar lang prima. Zij hebben geholpen bij het vinden van de goedkoopste supermarkt, ze hebben jou meegenomen naar je eigen kerk, je laat de sleutel bij hen achter, jouw kinderen eten tussen de middag brood samen met hun kinderen, ondertussen heb je zelfs boeken van de buren op je verjaardag gekregen over spreekwoorden en het maken van stamppotten. Kortom, als in de woonbuurt, thuis en op school de integratie voltooid is, kan het bedrijfsleven roet in het eten gooien.

Terwijl je je in je woonbuurt in de wolken voelt, zit je manager zich af te vragen hoe je dat diploma hebt behaald waarvoor zij of hij is gezakt. Bij zo iemand loop je de kans niet in de smaak te zullen vallen omdat hij of zij belangrijker moet blijven lijken. Als zij of hij besluit macht in te zetten in plaats van kennis en vaardigheden komt de integratie van de nieuwe Nederlander weer in het gedrang. Slechte managers zitten integratie net zo goed in de weg als slechte politici. Zij moeten zo nodig onderdrukken om meer te lijken. Zouden ze geen andere manier kunnen bedenken om te overleven? Ze zijn geestelijke armoedzaaiers.

WEER GESLAPEN

Misschien een beetje aan de late kant, maar beter laat dan
nooit. In Nairobi begon ik te genieten van mijn zwangerschap. Karl was
in Kigali gebleven. Hij zou overvliegen naar Nairobi en de geboorte van
de baby vieren, maar hij bleef maar twee weken bij ons. Daarna vertrok
Karl naar Europa om asiel aan te vragen, ook voor ons. Alleen al de pro-
cedure om ons over de Middellandse Zee te krijgen duurde vanwege het
politieke beleid enorm lang. Als Afrikaan krijg je niet zomaar eventjes
asiel in Europa.

Ons weerzien was geruststellend. We hadden Kigali verlaten en dat
was al goed. De rest kon wachten. Leven kan je ook stap voor stap doen.
Dat er een kind in mij groeide, voelde geweldig. Alleen durfde ik dat
gevoel niet te aanvaarden, niet wetend wat het lot van mijn vrucht in de
naoorlogse periode zou kunnen zijn.

De sfeer was anders in Kenia. Mensen gingen werken en liepen op
straat. Niemand was bang. Ik kon de straat op, groenten halen, naar
de markt, ik zag geen vuurwapens die op mij gericht zouden kunnen
zijn. Ik zag gewone mensen, geen militairen, geen camouflages meer.
Ik sliep weer en genoot ervan. Eerste nacht, tweede nacht, en nog heel
veel nachten erna had ik geslapen, en niemand had zich gemeld om mij
en mijn kinderen van het leven te beroven. Mijn gedachten waren even
oorlogsvrij geweest. Ik leed niet meer.

Ik lachte, alleen of met anderen – het kon mij niets schelen. Ik lachte
naar de dag, naar de zon, naar bekenden en onbekenden. Ik vierde het
leven. Ik voelde de wind en de zonnestralen weer. Ik miste geen markt-

dag. Ik wilde mensen zien, levende mensen zien, erg veel bij elkaar en niet bang.

Met ongekende snelheid heb ik de lokale taal geleerd: het Swahili. Hoe het werkte, weet ik niet, maar in een mum van tijd wist ik wat ik moest zeggen en schrijven. Ik kon zelfs zingen in het Swahili. Ik was zo gulzig naar het leven, naar anderen, naar gewone dingen als communiceren, wandelen, eten en drinken. Ik had er zo'n plezier in mijn kinderen bij de hand te kunnen houden en de weg op te gaan. Niets kon mij nog tegenhouden, vooral een vreemde taal niet.

Ik ontdekte de stad en de winkels. Keek en bekeek opnieuw de mensen, de wegen en de architectuur. Ik werd bekeken, ik viel erg op, zo'n zwangere vrouw zonder haast. Ik kreeg menselijke vreedzame blikken van onbekenden. Daar bestond zoiets nog. Flirten, lekker flirten, daar zit leven in.

Zara, de kinderen en ik moesten vooral zo snel mogelijk het hotel zien te verlaten en een appartementje huren. We werden geholpen door kennissen die daar al gevestigd waren als vluchtelingen, hoewel ze daar leefden als toeristen in de hoop er even tussenuit te zijn en daarna naar hun eigen land terug te gaan als de vrede was teruggekeerd. Nou, de meesten zijn nooit teruggegaan, net zoals wij. De vrede liet lang op zich wachten.

Na een aantal dagen in het hotel vonden we een klein appartementje in het centrum van Nairobi. In *Halingham*, een wijk in Nairobi, woonden ook andere Rwandese gezinnen. Ze hebben ons als buren ontvangen en zich er ook naar gedragen. Ik werd geïnformeerd over alle belangrijke zaken in de buurt: de goedkope winkels, het lekkere fruit en groenten, en vooral het lokale gezondheidszorgcentrum, waar ik onder andere de consultatiebureaus zou vinden. Uiteraard was daar ook de kraamafdeling die ik nodig zou hebben.

Ik had geen inkomen meer. Ik wist niet hoelang ik daar moest blijven en waar ik heen zou moeten. Zara had gezworen nooit meer terug te gaan naar Rwanda. Ik had mezelf beloofd de kinderen een toekomst te geven. Maar we waren hier nu aangekomen en hoe moest het nu verder?

Al deze problemen schoof ik gelukkig opzij. Ik leefde. Ik leefde elke dag en dat was naar mijn gevoel een geweldige taak. Ik ging op zoek naar een ziekenhuis waar ik zou bevallen, maar ook waar ik de kinderen kon brengen als ze ziek zouden worden. Het was bijna zover – acht maanden, kon ik concluderen, nadat ik de baarmoederhoogte door middel van mijn handen had gemeten. De baby deed het ook goed, want hij schopte de hele tijd. Zelfs het hoofdje was lekker naar beneden gezakt. Dat kon ik ook bij mezelf onderzoeken. Had ik dat niet zo vaak gedaan bij andere zwangere vrouwen? Verpleegkundige en moeder was een geschikte combinatie om niet aan de vordering van mijn zwangerschap te gaan twijfelen.

Intuïtief kon ik dus voelen dat het kind goed groeide. Het bewoog continu en zo was ik altijd in contact met mijn kind. Wij vierden samen het leven. Als ervaren vrouw die al twee kinderen had gebaard, besloot ik mezelf in de gaten te houden en discreet van mijn vrucht in mijn buik te genieten. Ik dacht aan onze voorouders die ook de natuur z'n gang lieten gaan in zulke omstandigheden, en zo had ik geen reden tot ongerustheid. Maar de echte reden van deze zelfstandigheid berustte op financiële beperkingen. Ik had er zelfs over nagedacht om thuis te bevallen om shillings te besparen, maar die gedachte ging mij te ver. Toen het bijna zover was, vond ik het verstandig toch een zwangerschapscontrole te laten doen en kennis te maken met de kliniek. Het was meer uit noodzaak dan uit behoefte. Ik was in veel situaties besluiteloos geweest, maar bevallen in een vreemd land zonder medische assistentie zou niet lukken. Ik kon de geboorte van mijn kind niet alleen aan Moeder Natuur toevertrouwen. Het was onverantwoord. We waren onverzekerd en zouden zelf de ziektekosten moeten ophoesten. In Kenia is de medische zorg allesbehalve betaalbaar. Zelfs de eigen bevolking moet geld inzamelen als iemand in het ziekenhuis terechtkomt.

Vanwege de kosten werd bevallen toch een beetje eng. Ik was bijna alleen en had geen enkele volwassene in de buurt. Zara was ook nog een kind, en bovendien was mijn man achtergebleven. Ik moest deze taak alleen zien te klaren, zonder te klagen. Ik besloot, hoe duur het ook was, absoluut in het ziekenhuis te bevallen. Als ik er geen voldoende geld voor had, zou ik me later bezighouden met deze kwestie, met mijn kind in mijn armen.

Ik had zo'n behoefte iemand te zien die geen oorlog had meegemaakt. Iemand die ik hiervoor ook zou beschermen, ook al moest ik haar meenemen naar verre landen. Die iemand werd mijn Hannah. Zij had 'Hoop' moeten heten. Haar komst maakte iedereen blij. Ze hield me de hele dag lekker bezig, en zo hoefde ik niet over de situatie na te denken. Nene was blij met het kleine zusje en Pepe was weer moedermelk gaan drinken. Ik had overvloed voor twee. Pepe was zo gelukkig: ze kreeg mooie dikke wangetjes en ze genoot van de volle borst van haar moeder. Ze had zo weinig aan de borst gedronken in de oorlog dat ze de herkansing met beide handen aangreep. De baby deed haar best, maar dronk maar één borst leeg, en Pepe pakte lekker de andere.

De bevalling was voorspoedig verlopen. De kraamtijd was ook ongecompliceerd geweest. Mijn Hannah was er. We waren nu met zijn vijven. Een wolk van een kind werd mij geschonken, onderweg op de vlucht. Miraculeus. Ik was zo dankbaar.

Vlak na de bevalling overviel mij een gedachte. Ik was pas zevenentwintig jaar, had al drie kinderen en vond dat buitengewoon heerlijk. Dat betekende dat ik ook tijd zou hebben in de toekomst. Misschien wat anders kon doen in het leven naast mijn kinderen opvoeden. Ik was jong, echt jong, en nog niet dood.

Toch duurde het plezier niet lang. Ik was alleen en vreemdeling. Daar lag ik dan, in een ziekenhuis, net bevallen van een heerlijk kind. Alleen! Ik deed mijn best niet te huilen, om sterk te lijken.

Zara stond na de bevalling buiten voor het ziekenhuis, in een taxi met de kinderen. Ze wilde graag binnenlopen, mij feliciteren, de baby zien, maar nee. Volgens de regels van het ziekenhuis was het nog geen bezoekuur en niemand mocht binnenlopen. Na deze mededeling moesten de kinderen samen met hun tante gauw de taxi in en terug naar huis. Wat een verdriet waar dat eigenlijk niet hoort. Ik keek naar mijn schattige baby naast mij in bed en begon stilletjes en diep te huilen. Ik was dolblij en gelukkig met de baby, maar ik voelde me op de kraamafdeling echt meer alleen dan ooit. Ik weet nu nog steeds hoe het voelde.

Naast mij lag een mevrouw die ook net moeder was geworden en toevallig hadden we ongeveer dezelfde leeftijd. Ze was ook superblij en straalde het uit. Haar moeder kwam op bezoek, want ze had geen man. Ze feliciteerde me, merkte dat ik buitenlandse was en vroeg waarom niemand mijn vreugde kwam delen. Ze zag me huilen, hoewel ik het zo discreet mogelijk probeerde te doen. Ik legde haar de situatie uit.

Op dat moment heb ik kennisgemaakt met echte eenzaamheid. Deze *mama*, wat in Swahili mevrouw betekent, kwam naast mij zitten tussen mij en haar eigen dochter. Ze begon tegen mij te praten, zo teder, zo zacht en lief. Misschien bijna zoals mijn eigen moeder het zou hebben gedaan. Haar woorden klonken zo mooi in mijn hoofd dat ik dat moment nooit meer ben vergeten. Moeders hebben iets bijzonders aan de zijde van hun bevallende dochters, iets wat ik aan mijn kinderen wil geven.

Nadat ik deze *mama* over mijn situatie had verteld, keek ze me met veel liefde aan. Met veel respect en vooral veel bewondering. Alleen zoals een moeder dat kan doen. Ze vertelde me dat de bevalling een gelukkige gebeurtenis is, dat ik niet zo moest liggen huilen, ik zou van streek kunnen raken en geen moedermelk kunnen produceren. Ze gaf me de helft van de pap die voor haar dochter was bestemd en ging direct terug naar huis om meer te maken zodat ieder van ons voldoende vocht binnenkreeg om de moedermelkproductie te bevorderen. Ze kwam gauw terug met meer pap en meer eten, alles voor twee. Hongerig als ik was, accepteerde ik deze behandeling met enorme dankbaarheid. Ik maakte kennis met liefde waar liefdadigheid op z'n plaats leek te zijn.

Zonder enige schaamte at en dronk ik alles wat deze onbekende, die een bekende was geworden, mij aanbood. Ik had het gevoel weer letterlijk de ruimte te moeten vullen die Hannah had vrijgemaakt in mijn buik. Alleen had ik niemand, niemand meer, geen moeder meer om voor mij te zorgen. Deze *mama* had besloten mij in de gaten te houden. 'Moeders horen te eten, anders heeft de baby niets uit de borst', merkte ze op, en ik deed wat ze zei.

Na een hele halve dag in het luxueuze ziekenhuis, deze keer met volle maag en mijn ogen op Hannah gericht, kwam mijn zus op bezoek. Deze keer zonder Nene en Pepe. De buurvrouw paste op hen. Het verdriet had snel plaatsgemaakt voor blijdschap. Ik at van wat mijn lieve zus voor me had klaargemaakt. Ze ging weer naar huis om schone kleren voor me te halen en wandelde samen met Nene en Pepe terug naar het ziekenhuis. Deze keer hoefde ze geen taxi te nemen: de rust was weer teruggekeerd, iedereen was gelukkig en had tijd zat. De kinderen waren blij hun zusje te zien. Opeens kreeg ik het idee direct naar huis te gaan met de taxi. Dat zou ook een overnachting voorkomen in een ziekenhuis, met alle financiële gevolgen van dien. Maar vooral wilde ik niet weer alleen achterblijven. Ik wilde met Zara en de kinderen mee naar huis. Maar het mocht niet van de zusters. De volgende dag zou ik naar huis gaan, als alles goed ging.

Mama zou mij niet alleen met plezier helpen met betalen; ze beloofde me zelfs naar huis te brengen zodat ik geen taxi hoefde te nemen. De dag van mijn ontslag uit het ziekenhuis droeg ik mijn Afrikaanse blauwe tenue, een blouse, lange rok, omslagdoek en een hoofdbandje in mijn haar. *Mama* liep aan mijn zijde met mijn baby in haar handen, en mijn geluk kon niet meer stuk. Ik stapte trots uit haar mooie Mazda alsof het mijn eigen wagen was. De buren hadden zich in mijn huis verzameld om de baby welkom te heten. We bedankten samen de *mama* die zich over ons had ontfermd. Ik zou haar nooit meer terugzien.

Mijn man liet telefonisch weten dat hij zo snel mogelijk richting Nairobi zou proberen te vliegen. Karl kwam aan en iedereen was nog blijer. Dezelfde avond nadat de mensen die op kraambezoek kwamen vertrokken waren, zaten we over onze toekomst te praten. Een toekomst die we niet werkelijk hadden, en absoluut niet in Kenia. Over het verleden werd niet eens gepraat. De wonden waren nog te vers.

'Martha...'

'Ja...'

'Ik kon niet op tijd komen, het werk liet mij niet los, maar ik had ook geen smoes om het land te verlaten. Nu de baby er is, kon ik gemakkelijk toestemming krijgen het land te verlaten.'

'Ik weet het. Je bent er, het enige wat op dit moment telt.'

'De baby is zo mooi!'

'Ze is prachtig.'

'Ze is zo klein.'

'En zo kwetsbaar, maar ze lijkt gelukkig en houdt mij nu al gezelschap.'

'Het is een wonder.'

'Is het ook.'

'Hoe kwam je aan die naam?'

'Ik kon niet op jou wachten om die beslissing te nemen. Hier wordt de naam onmiddellijk bij de bevalling geregistreerd en ik moest snel een keuze maken. Ik vond Hannah echt mooi, jij ook toch?'

'Absoluut.'

'En de achternaam, hoe kom je eraan?'

'Nou, eerlijk gezegd moest ik die verdedigen, omdat het een andere naam is dan die van jou of mij. Ik legde ze uit dat in de Rwandese wet en cultuur de ouders zich niet aan de familienaam hoeven te houden. Die vrijheid in naamgeving vonden ze maar raar, maar wat kan hun dat schelen, wij zijn ook geen Keniaan.'

Ik legde Karl uit wat de achternaam van Hannah betekende, namelijk niets anders dan de precieze omschrijving van haar geboorteplaats. Ik wist dat we daar niet zouden blijven en wou de plek die mij een leven geschonken had, toch koesteren. Karl vond ook dat er geen betere naamkeuze kon zijn.

'Wil je ook mijn naam niet dan?'

'Nee, ik moet er niet aan denken dat ik jou ben, laat staan mezelf te identificeren met jouw vader!'

'Martha, ik zal hier niet lang blijven. We moeten een toekomst zoeken en die ligt hier niet, dat weet je. Ik ben in contact met onze vrienden. Misschien ga ik naar Europa, maar misschien ook naar Namibië.'

'Geen Namibië, het is daar zo heet!'

'We hebben geen keuze.'

'Gelijk heb je. Het is nu vooral tijd om positief te denken.'

Makkelijker gezegd dan gedaan, soms. Het overleven van een oorlog betekent ook veel herinneringen meenemen die met de dood te maken hebben, terwijl iedereen mij moed inspreekt gewoon verder te gaan met het leven. Ja, met het leven, en de dood in mijn geheugen dan? Er niet meer over nadenken? De herinneringen aan mijn overleden familie zijn in mijn geheugen gegrift en ik beleef ze, zonder er evenwel altijd last van te hebben. Soms wou ik dat ze ziek waren geweest, zodat ik ze had kunnen zien aftakelen om het verlies beter te begrijpen. Aan de andere kant wil ik niemand een slopende dood toewensen. Men zegt dat de tijd alle wonden heelt, maar ik denk dat de tijd wonden opent om ze beter te kunnen helen.

Na de geboorte van Hannah was ik de helft van mijn zorgen kwijt. Ik had nu drie kinderen, ik was blij en niet helemaal alleen. Karl was na enkele maanden in Nairobi inmiddels naar Europa vertrokken, maar mijn zus was bij mij en hielp met alles in huis. Als de papieren beschikbaar waren waarmee Karl in Europa bezig was, zouden we met zijn vijven ook naar Europa vertrekken om daar asiel aan te vragen.

Aangezien we geen inkomen hadden en ons spaargeld op kon raken, besloten we te verhuizen van Halingham – een veilige omgeving midden in de stad – naar een iets onveiliger wijk, waar de huizen en het leven niet zo duur waren. We vonden een klein appartement op Ngara Road in Ngara Estate. Daar woonden mensen die het financieel minder goed hadden, maar ik voelde me toch thuis in die arme woonwijk. De baby was er en iedereen was verder gezond. We moesten de luxe leren loslaten.

We maakten kennis met onze buren. De buurman stond in het onderwijs en de buurvrouw was huisvrouw. Hun officiële taal was Swahili met veel Engelse woorden en klonk erg mooi in de oren.

'Habari mama; (groette de buurvrouw ons), your name ni nani?' (wie zijn jullie?)

'Naitwa Martha. Uyu ni sister jangu Zara en watoto ni Nene, Pepe na baby Hannah.' (Martha, zus Zara, en kinderen Nene, Pepe, baby Hannah)

'Na my name ni Nancy (ik ben Nancy). Uyu ni my daugther Margriet en mijn son Philip.' (hier is mijn dochter Margriet en mijn zoon Philip)

'Asante sana.' (dank je wel)

'You're welcome here (welkom)

'Asante kabisa. (dank je wel)

De man die in de witte jas kwam aanlopen was zeker een arts. Hij gaf ons een hand.

'My name ni Alex. Alex Kinyamu.' (Ik ben Alex, Alex Kinyamu)

'Asante, Uko daktari?' (Ben je arts)?

'Ndiyo, niko doctor.' (Ja, ik ben huisarts)

'Na me ni Nurse.' (Ik ben verpleegkundige)

'Si ni visuri tu! Uko welkom na family yeko.' (Mooi, welkom en je familie)

'Asante daktari.'(Dank je, dokter)

'Sema, Alex. Tuko neighbours.' (Zeg maar Alex, wij zijn buren)

'Unaka hapa?' (Woon je hier?)

Het was geen woonbuurt waar je de hoge sociale geplaatsten van de maatschappij verwachtte. Maar om zaken te doen kon de plek toch beschouwd worden als een prima keuze. Alex had een privékliniek en die deed het goed in zo'n propwijk. Er waren patiënten zat.

'Ni na office here.' (Ik werk hier)

'Oké.'

'Unatoka wapi? ata kidog, muko Rwandese?' (Waar kom je vandaan, even wachten, zijn jullie Rwandezen?)

'Yes, Tuko.' (Ja, klopt)

'Miriona vire vya watutsi na wahutu?' (Hebben jullie DAT tussen Tutsi en Hutu meegemaakt.)
'Ndiyo.' (Ja)

Dokter Kinyamu schrok zich kapot. Hij had misschien de oorlog vanuit de media gevolgd, maar had blijkbaar nog niemand gezien die er getuige van was geweest en het had overleefd. Hij wist opeens niet meer hoe hij met ons kon blijven praten, misschien ook niet meer waarover. Hij trok zich aangedaan terug in zijn kantoor. Opeens voelden we ons dichter bij elkaar. We hadden geen woorden nodig om het uit te drukken. Ik wist dat ik op Ngara Road een goede tijd zou hebben, samen met Zara en de kinderen. De buren hadden zich over ons ontfermd en het gaf ons een aangenaam gevoel.

'Mama... Nene, Tutafanya conversation later, ni na work. Welcome in our country.' (Nene's Moeder, wij kletsen een andere keer, ik moet weer aan het werk. Welkom in ons land)
'Oké. Asanti.' (Prima, dank je wel)

In haar openheid kon de buurvrouw mama Philip haar nieuwsgierigheid niet laten rusten. Ze begon direct aan een uitgebreid kennismakingsgesprek. Zoals in veel Afrikaanse landen gebruiken moeders 'Mama' als roepnaam, plus de voornaam van hun oudste kind. Zo werd ik in Kenia dan ook niet Martha genoemd.

'Mama...Nene, uko na husband?' (Nene's moeder, heb je ook een man?)
'Ndiyo.' (Ja)
'Ako wapi?' (Waar is hij dan?)
'Anaka in Europe.' (Hij is in Europa)
'Sasa ni difficult alone na watoto si ndiyo?' (Dat betekent dat het moeilijk is voor jou, alleen met de kinderen, klopt het?)

'Ndiyo, but my sister Zara here ananisayidia kabisa.' (Het klopt, maar mijn zus Zara hier helpt goed met alles.)

Zara stond altijd stilletjes naast mij. Ze is van nature niet erg spraak-zaam, maar de Afrikaanse hiërarchie eist ook dat de jongsten hun mond houden als de oudsten aan het woord zijn. Ze horen met hun lichaams-taal deel uit te maken van het geheel, zonder zich er verbaal in te men-gen. Zara heeft zich tegenover mij zo respectvol gedragen, in Kenia en overal, dat ik me daar soms schuldig over voel. Al die keren dat ze niet zei wat ze dacht, zitten me dwars. Niet omdat ik iets fouts heb gedaan, maar omdat Zara altijd intelligenter is geweest dan ik ben. Zo vraag ik me soms af hoe vaak ik tekort ben geschoten in het nemen van beslis-singen die ook haar aangingen, alleen omdat ik de oudste ben. Andere kwaliteiten heb ik toch niet meer dan zij. Hopelijk heb ik af en toe naar haar stiltes kunnen luisteren.

Mijn baby dronk alleen uit de borst. Kunstmelk was duur, maar er was ook geen reden die te gebruiken. Ik was thuis en had meer dan voldoen-de moedermelk. Het leven leek weer normaal. Ik was blij als moeder en was er druk mee. Nene had ook kunnen meezuigen, maar zij vond de moedermelk niet meer zo lekker op haar leeftijd. Ze schaamde zich er ook een beetje voor. Schoolgaande kinderen hoorden niet meer de borst te drinken, en ze wou graag naar de kleuterschool.

Zara kreeg de kans Engels te gaan studeren op *Diestar University*, een goede universiteit in Nairobi. Ze was daar blij mee. Ze kwam in aan-raking met leeftijdsgenoten en andere intellectuelen. Hoe vermoeid ze misschien was van haar leven met zus en baby's, daar heeft ze zich nooit over uitgelaten. We waren aan het overleven en ze had besloten te dra-gen zonder te klagen. Op de universiteit begon Zara weer te lachen. Ze kwam met mooie verhalen thuis. Bijvoorbeeld dat er leeuwen op de weg stonden naar *Atriva,* de buiten de stad gelegen locatie van *Diestal University.* Die verhalen vond ik ook spannend en plezierig, want een safari zat er niet in. Voorlopig zouden we het moeten doen met de verhalen van Zara over de exotische wilde dieren in Kenia.

Mama Phil stelde haar telefoon beschikbaar voor het geval mijn man zou bellen. Ze was behulpzaam en een goede vriendin geworden. Opnemen mocht ik, maar bellen niet, want dat kostte geld. Ik was heel dankbaar voor deze deal.

Beneden bij de huisartsenpraktijk bood dokter Alex aan mijn kinderen gratis na te kijken als ze ziek zouden worden, ook omdat we niet verzekerd waren. De gezondheidszorg in Kenia leek onbetaalbaar voor de gewone mens, dus ook dit was een geschenk uit de hemel. Ik voelde me thuis in de wijk op Ngara Road. Mijn kinderen spraken Swahili, mijn oudste vond een Engelssprekende kleuterschool, mijn zus ging met mijn toestemming af en toe uit met buurmeisjes, en het leven leek weer wat normaal. We hadden vooral veel momenten van plezier. Andere momenten waren vol zorgen en onrust als ik eraan dacht dat het geld op kon raken en de kinderen erg ziek konden worden. En ik miste mijn man. Het leek erop dat ik moeilijke en belangrijke periodes zonder hem en hij zonder mij zou moeten doormaken en ik verlangde er intens naar weer samen te leven.

In eigen land was de politiek ook geen hobby die mannen thuishield. Al die vergaderingen, al die staatsgeheimen, al die smoesjes, al dat gedoe! Mijn man was altijd zo ver weg en bezig met andere dingen dan mijn man zijn. Ik liep hem tegemoet onderweg naar zijn werk en hij passeerde mij, zonder me op te merken. Ik liep terug naar huis, en dan hoorde ik dat hij net weer was weggereden omdat ik niet thuis was. Mijn man zocht mij, ik zocht hem, maar we zagen elkaar niet. Ik verlangde naar het moment dat ik echt zou voelen dat we getrouwd waren en drie kinderen hadden.

Dat moment zou komen in Europa, en ik kon bijna niet wachten als ik eraan dacht. We belden en schreven elkaar, maar ik proefde een bepaalde afstandelijkheid, een soort terughoudendheid in zijn manier van communiceren. Hij is nooit een echte prater geweest. Maar ik was dankbaar dat we in leven waren. De rest zou volgen.

Kenia is een schitterend land. Al die beeldschone kinderen onderweg naar school, met uniform en stropdassen, vond ik enig. Oudere vrouwen en mannen begroetten iedere passant op de weg en hielden sociale controle, zoals die keer bij de telefooncel. Toen een jongeman onfatsoenlijke woorden sprak, werd hij door een oudere man in de rij vriendelijk verzocht het gesprek te beëindigen en te vertrekken. Een publieke telefoon was niet bedoeld om grove taal te gebruiken. Dat noem ik gezag!

Toch kon Kenia ook eng aanvoelen, vooral op het gebied van veiligheid. In Nairobi was ik altijd op mijn qui-vive, zoals iedereen trouwens. Je kijkt om je heen en houdt je handtas flink vast zodat niemand hem wegrukt. Zonder het toe te geven was ik bijvoorbeeld zo bang om met wat geld de stad in te gaan. Zara was er ook bang voor, natuurlijk, maar het kon niet anders: soms moest je toch wat aankopen doen. Die angst om beroofd te worden moest je ook verbergen, om niet 'verdacht' over te komen. Wanneer we Amerikaanse dollars moesten wisselen in de lokale munt, shillings, vroeg ik Zara om het te doen. Ze leek braver, sterker, alerter en beter geïnstrueerd dan ik, maar dat gaf ik natuurlijk niet toe. Omdat ik de oudste was, moest ze gewoon van mij de stad in en geld wisselen. Punt. Eén keer kon Zara het niet laten deze taak ter discussie te stellen.

'Martha?'

'Ja?'

'Ik moet altijd naar de stad om geld te wisselen en je gaat lekker zelf niet, hè!'

'Nou, Zara je weet toch dat ik Hannah de borst moet geven, of doe je dat soms in mijn plaats als je nu denkt dat ik zomaar weg kan?'

'Nee, dat bedoel ik ook weer niet, want je gaat anders ook weg en ik vermaak me prima met Hannah, als je lang wegblijft en zij heeft honger laat ik haar gewoon op mijn rug in slaap vallen. Dat is dus het probleem niet.'

'En, wat is dat het probleem?'

'Je bent ook bang voor die dieven, net zoals ik!'

'Nou, het is waar, maar die angst moeten we overwinnen.'

'We? Anders ga je vandaag geld wisselen, ik blijf hier met Hannah!'

'Nee, geen sprake van!'

'Oké, je wilt dus dat ik ga?'

'Ja, zoals altijd. Jij gaat!'

'En als ZE mij aanvallen?'

'Nou. Trek je korte broek met diepe zakken eerst aan, dan een rok eroverheen, stop het geld in de broek, ga wisselen en kom onmiddellijk naar huis terug.'

'Ja, dat trucje van Papa om geld veilig te dragen.'

'Ja, je snapt het.'

'En als ze me toch aanvallen?'

'Dan vecht je net zo hard terug zodat je het geld weet te houden.'

'Als ze winnen en toch met het geld ervandoor gaan?'

'Dan wil ik je wel terug, maar met verwondingen als bewijs dat je teruggeslagen hebt. Je kan je niet zomaar laten beroven, het mag gewoon niet.'

'Nou, hoeveel moeten we laten wisselen?'

'Doe maar driehonderd dollar, want we moeten de huur betalen.'

Zara vertrok naar de stad en een uur later was ze terug.

'En?'

'Ik heb geen verwondingen!'

'Goed zo. Als we geluk hebben, verlaten we dit land zonder dat er iets raars hoeft te gebeuren.'

'Ja, en Hannah heb je natuurlijk zelf in je paspoort geschreven. Als het dan ontdekt wordt...!'

'Zeg niets. Ik had geen keuze. Ik moest het doen. Zij hoort in mijn paspoort zoals Nene en Pepe. Als vluchteling heb je geen eigen land, geen ambassade, maar mijn kind heeft een moeder en dat ben ik. Ik heb haar ingeschreven en zal de consequenties aanvaarden.'

'Ze had ook in het mijne gemogen, hoor! Wie wil Hannah niet in zijn paspoort hebben!'

'Zo is dat!'

'Hopeloze daad, maar krachtig. Petje af voor jou! We zien wel.'

Telkens was ik toch blij dat ik Zara om me heen had. In hoeverre heb ik haar moeten blootstellen aan moeilijke situaties die ik zelf niet aandurfde? Ik weet het niet. Wil ik ook niet weten. Zara is mijn held.

GEDROOMD IS GELEEFD

Na ruim een decennium in dit mooie, koude land voel ik me ongeduldig en wil ik lekker verhalen gaan schrijven. Ik sta te popelen om de lezer te vertellen hoe ik de veranderingen beleef. Als meertalige moeder, verpleegkundige, student, collega, vriendin en buurvrouw heb ik het voordeel het leven van verschillende kanten te mogen bekijken. Dan is het onmogelijk mijn mond te houden. Hoe moet ik met al die impressies in mijn leven omgaan als ik niet veel vertel of schrijf? In de volksmond betekent het dat ik een grote mond heb. Niet kunnen praten zou gewoon een ramp voor me zijn. Ik heb een enorme behoefte om hoorbaar te zijn.

Toch heb ik één keer twee weken lang niet gepraat, dus niet echt geleefd.

Na een aantal slapeloze nachten in de nachtdienst sloeg mijn geest op hol. Ik kon mijn gedachten niet meer sturen. Ik kon eten noch drinken. Ik wist niet dat slaapgebrek het geestelijke leven kan verwoesten. Ik raakte alles kwijt. Ik kreeg ze terug. Mijn doden. Zij maakten mij niet bang; de omgeving deed het.

Met behulp van mijn collega's en de doktoren kwam ik op de isoleerafdeling terecht, wat ik ook, helaas, als heel traumatisch heb ervaren. Wat ze hulp noemden, was geen hulp, niet voor mij, voor niemand.

Ik kan het bijna niet verdragen gewoon gedrogeerd in de isoleercel te hebben gelegen. Ik werd in deze periode door ellende verslonden, en de deskundigen noemden dat hulp, therapie, professionalisme. Ik vind het nog steeds absurd. Als je door lichamelijk letsel op de intensive care van een algemeen ziekenhuis terechtkomt, krijg je zorg. Als je brein of geest

– hoe je het ook wil noemen – zorgbehoevend wordt, word je in de iso-leercel gegooid. Daar beland je in het niemandsland dat alleen maar je gezondheidstoestand laat escaleren.

Deze isolatie heet natuurlijk 'professionele aanpak' volgens de ge-leerden in de psychiatrie. Ze mogen moeilijke termen gebruiken om te duiden dat ik 'posttraumatische stressstoornis' had, maar ik weet wat ik had. Ik had last van *nare herinneringen*, en me daarvan genezen zal nie-mand kunnen. Trouwens, ik zou het ook niet willen. Wie moet ik dan anders zijn dan mezelf? Moet ik geholpen worden om te vergeten hoe mijn moeder eruitzag? Hoe ze erbij lag? Laat mij met mijn herinnerin-gen! Het is alles wat ik nog heb om mezelf te zijn.

Na de tweede opname door dezelfde oorzaak had men uiteindelijk door dat mijn slaappatroon de biologische processen in de hersenen ver-stoorde en mijn geestelijke toestand ontregelde. Als ik niet slaap, krijg ik de oorlog terug. Twee weken lang heb ik het leven totaal gemist in de isoleerruimte, omdat ik daar zogenaamd onaanspreekbaar was. Alsof retoriek ooit de sterkste kant is van een gedrogeerde. Waar was men in godsnaam mee bezig? In ieder geval niet met mij!

Een raar idee voor mij nu: er twee weken niet te zijn geweest. Ik heb wel geleefd, want ik heb erg veel gedroomd onder de invloed van drugs. Door middel van sterke chemische middelen werd ik van deze menselijke wereld afgezonderd en uitgeschakeld. Als mens heb ik die twee weken beleefd als een melange van liefde en mededogen. Ik had de mijnen terug, voor even dan. Paradoxaal, als je voor posttraumatische stressstoornis wordt behandeld: 'ik had lekker wat ik net kwijt moest.' Je kunt de mens niet tegen zichzelf behandelen, maar die deskundigen wisten het beter. In ieder geval, voor mijn eigen leven hoeven ze me niet te behandelen, van mijn doden hoef ik niet af, mijn herinneringen heb-ben mijn verlies vervangen en de mijnen zijn geworden wie ik ben en wil blijven. Mezelf. Ik herinner me ze graag. Niemand hoeft me hiervoor te drogeren.

In de isoleerruimte werd ik weer in de oorlog gegooid. In mijn droom werd ik door mijn moeder opgevangen. Agatha, mijn houvast. Ze was er en meer zorg hoefde ik niet te krijgen. Ik wilde niet over haar aanwezigheid beginnen. Dan zou ik gestraft worden. Platgespoten. Tegen hallucinaties. Ze hadden daar te veel deskundigheid. Daar had ik last van.

De dag waarop ik besefte dat het niet goed met me ging, stonden Karl en Zara aan mijn zijde aan mijn bed. Ik wist niet hoeveel nachten ik niet had geslapen. Als Zara kwam zonder dat ik van haar komst op de hoogte was, moest er iets ernstigs aan de hand zijn. Oh, oh! Zara was er. Opeens.

'Martha?'

'Hum.'

'Probeer nu echt te slapen. Je wordt weer ziek als je het niet probeert. Doe het. Anders komen de doktoren je weer ophalen.'

'Nee, geen doktoren. Niet weer. Ik ben geen crimineel.'

'Heb je hoofdpijn?'

'Veel.'

'Neem deze paracetamol dan even in.'

'Nee, geen medicijnen. Neeeee!'

Karl stond naast mijn bed. Hij was bang. Ik was ook bang dat hij weer de beslissing zou nemen me te laten afvoeren door een ziekenauto. Wat Zara en Karl verder gedaan hebben, weet ik niet. Ik werd niet wakker. Omdat ik niet geslapen had, kon ik niet wakker worden.

Ik was ook niet bewusteloos, omdat ik de broeders dacht te zien die met mijn lichaam bezig waren. Ik hoorde niet wat ze zeiden en kon geen antwoord geven op hun vragen. De stress had mij uitgeschakeld. Mijn 'ik' stond niet meer aan. Mijn geest was even moe. Mijn ziel deed zielig.

Ik zag een van de broeders in de weer met mijn lichaam. Alsof het van niemand was. Hij pakte mijn arm, gooide die daar. Hij pakte mijn benen, gooide die daar. Hij pakte de naald met een onbekende vloeistof. Ik zag de naald die ik liever niet zag. Dat ding was zeker voor mij bestemd. Kon ik maar wegrennen.

Met zijn ruwe hand trok hij mijn spijkerbroek naar beneden. Hij draaide me wild op mijn zij. Ik wilde vluchten, maar kon mijn lichaam niet bewegen. Ik geloof dat ik toch met mijn geest vluchtte. Dat lukte wel. Die konden ze niet vasthouden. Hij had alleen mijn lichaam. Mijn geest bleef van mezelf.

Mijn poging tot een sprong liep op niets uit. De collega aan de andere kant van de brancard hield me tegen. Voordat ik het wist, had de ruwe broeder mij die injectie gegeven. Tot aan het bot toe. Wat een pijn! Hij nam zelfs niet de moeite mijn blote billen weer te bedekken. Ik kreeg het koud. Ik viel weer weg, in een diepe slaap. Ik haatte ziekenhuizen. Ik wenste niet wakker te worden. Ik hoefde hem niet meer te zien.

Hoe lang zou ik nog in hun handen blijven? Hoe lang zou ik nog daar blijven? Zou die broeder nog dienst hebben als ik wakker werd? Kon ik vluchten? Kon ik ontsnappen?

Gelukkig werd ik bijna niet wakker. Voorlopig niet. Het middel was efficiënt. Ze waren van me af. Het probleem was dat ik niet van hen af was. Ze gunden me niet eens de rust ongestoord met mijn eigen moeder in gesprek te liggen. Wat kwamen ze steeds weer doen? Mij verzorgen? Kijken of ik er nog was? Ik wou toch zo graag vragen om met rust te worden gelaten. Maar ik had geen stem meer. Trouwens, ik had ook geen tijd. Niet voor hen.

Karl kwam dagelijks op bezoek. Zara zo veel mogelijk. Ze moest helemaal uit Amsterdam komen. Van haar chef had ze groen licht gekregen om zoveel uren op te nemen als ze dacht nodig te hebben. De enige die ik tijdens die slaapweken herkende, was Zara. Ik zag haar, maar vooral haar stem kon ik goed horen. Ze was de enige met wie ik in mijn slaap kon praten. Karl zag ik ook, maar het lukte me niet om met hem te praten. Het voelde alsof ik er te weinig energie voor had. Zara kostte geen energie. We spraken met elkaar in de taal van onze kindertijd. De taal die niemand anders begreep. De taal die meer vreugde opleverde dan een echt gesprek. Zodra we klaar waren, viel ik weer in slaap. Ik was tevreden. Anderen zagen mij tot leven komen als Zara er was en weer wegzakken als Zara verdwenen was. Ze maakten zich zorgen. Ze waren machteloos. Ik had ze buitengesloten.

De dag waarop ik wakker werd, had ik zo'n honger. Ik ging naar de zuster die dienst had. Ik had haar nodig.

'Zuster?'

'Ja.'

'Mag ik wat te eten hebben? Ik verga van de honger.'

'Nee. De keuken zit op slot.'

'Dan doe je de keukendeur toch open. Ik lust graag een ontbijtkoekje. Ik heb echt honger. Een stuk fruit is ook goed.'

'Je had moeten eten op etenstijden. Je wilt niet komen als we jou roepen. Nu moet je wachten tot het etenstijd is. Hier zijn regels.'

'Dat begrijp ik ook, maar hoe kan ik in godsnaam hier verhongeren? In dit land? Ik wil alleen een ontbijtkoek of een sneetje brood, meer niet. En je hebt dienst. Wat moet je anders doen dan voor de patiënten zorgen?'

'Doe ik ook.'

'Eten geven is ook zorg.'

'Ga terug naar je kamer.'

'Hoe is dit mogelijk?'

De jonge zuster hield zich stug aan de regels en mijn geestelijke toestand sloeg om. Ik voelde zoveel verdriet om dat stukje ontbijtkoek dat mij was geweigerd. Zoveel meer verdriet dan ik kon verdragen. Ik had een paar weken op thee en fruit geleefd – dingen die ik van thuis meekreeg. Andere maaltijden, vooral de warme, smaakten niet meer. Niet dat ze niet lekker waren, maar ik was het begrip 'smaak' kwijtgeraakt. Het was alsof mijn hersenen alleen fruit, thee en wat groenten herkenden.

Nu ik echt honger had en niets te eten kreeg nadat ik meer dan genoeg had gesmeekt, wilde ik Zara bellen. Ik moest daar weg. Om de telefoon moest ik ook urenlang zitten smeken. Ze zouden het zo regelen. Maar die 'zo' kwam niet. Ik wachtte tot ik een ons woog en ik woog al een ons. Twee weken lang.

'Zara?'

'Ja.'

'Kom me halen.'

'Wat dan?'

'Ik val om van de honger. Ik moet wachten, maar ik heb zo'n honger dat ik niet kan wachten.'

'Waarom geven ze jou geen sneetje brood?'

'Het is tegen de regels in. Ik wil naar huis.'

'Ik kom vanavond en dan breng ik veel fruit mee.'

'Ik heb het gevoel dat ik de avond niet haal. Ik word steeds gekker hier.'

Ik hing op. Ik huilde, huilde en huilde alleen maar. Op een gegeven moment huilde ik niet alleen meer om het stukje ontbijtkoek. Ik huilde om alles wat niet goed ging. Ik huilde voor de medepatiënten die misschien nooit die instelling zouden verlaten, voor alles wat er in de wereld misliep, al die oorlogen, al die armoe, al die onrechtvaardigheid, al die honger. Het was een emotionele uitbarsting. Gelukkig lieten ze me deze keer met rust. Ze hielden afstand. Dat was zorg. Eindelijk werd er voor mij gezorgd.

Toen ik uitgeput was van het huilen, wist ik niet wat ik moest doen. Ik was weer geestelijk stijf. De broeder die dienst had, nodigde me uit om naar bed te gaan. Ik snapte niet wat hij zei en weigerde mee te gaan. Ik hoorde de woorden wel goed, maar de betekenis ervan drong mijn hersenen niet binnen. Die waren op slot gegaan, net zoals de keukendeur. Ik bleef steeds zitten waar ik zat. Ondertussen waren ze bezig de dokter te roepen. Had ik het maar geweten, dan was ik tam met hem meegelopen. Toen de dokter kwam, moest ik mee. Hij moest mijn toestand beoordelen. Oh! Hij was een echte ramp. Dezelfde dokter had orders gegeven mij vast te pakken en als crimineel zonder pardon het ziekenhuis in te voeren, tegen mijn wil. Ik had hem gesmeekt mij thuis te behandelen, waarmee hij niet instemde. Om zich te overtuigen van de deskundigheid van zijn beslissing had hij opdracht gegeven om mijn handen te boeien. Ik verzette me. Ik voelde me als een muis die zich van onder een olifantenpoot probeerde te bevrijden. Ik keek hen nog een keer aan. Ik vroeg hem mij tenminste zonder handboeien te laten meelopen. Maar de machtige dokter wendde zijn gezicht van me af. Ik wist toen dat ik er geweest was.

Nu zat hij daar weer, voor mij, strak in pak met stropdas. Hij wou me helpen. Hoe kon dat? Mijn gevoel zei dat hij me niet kon helpen. Deze man in het tenue van een politicus was machtig, maar niet helpend. Hij hoorde thuis in Den Haag, waar hij met zijn soortgenoten kon zitten debatteren. Daar kon hij zichzelf laten gelden.

'Goedendag, ik ben dokter K en ik kom kijken hoe het met u gaat.'

'U hoeft niet.'

'Ik ben de dokter en ik moet uw toestand beoordelen.'

'Doet u dat niet.'

De spanning liep hoog op aan de andere kant van de tafel. Ik voelde hem aan. Reden temeer om voor mezelf op te komen. Voorzichtig. Anders: bestraffing.

'Dokter. Ik weet dat u de dokter bent, maar u hoeft mij niet te beoordelen.'

'Begrijpt u niet dat ik hier ben om dat te doen?'

Hij ging door met imponeren. Ik verzamelde mijn laatste rationele krachten en zei wat ik te zeggen had.

'Dokter, het is nu de derde keer dat ik u vraag weg te gaan, omdat u mij niet kunt helpen.'

Hij negeerde mijn repliek.

'Ik wil u vertellen waarom u hier bent, wat wij voor u gedaan hebben en waarom.'

'Dokter, nu voor de vierde keer: Ik kan niet meer. Ik moet ook nu niet praten. Mijn concentratie raakt op. Ik ben moe. Ik houd mijn kop thee vast, anders voel ik me zo zwak.'

Ik voelde dat mijn energie op raakte. Als patiënt onder invloed kon mijn emotionele toestand zo omslaan. Ik deed mijn best om niet te huilen. Om sterk te lijken. Anders zou ik deze man nooit kunnen ontslaan als behandelaar. Hij had zich nooit in mij geïnteresseerd als mens. Hij was alleen bezig geweest zijn deskundigheid, kennis en vaardigheden op mij toe te passen. Hij moest mij met zijn kennis overmeesteren, terwijl ik zijn hulp nodig had.

Zonder hem zou ik beter worden. Wie zou mij van mijn behandelaar verlossen? Ik was ziek geworden en kon niets zinnigs bereiken. In zijn ogen zeker niet. Hoewel ik erg sloom was geworden door de medicijnen, bleef ik toch met de dokter praten. Ik moest mezelf even overstijgen, zo voelde het.

Ik bedacht heel snel de strategie om weinig woorden te gebruiken. Ik zou consequent en consistent blijven, maar niet veel praten. Ik zei alleen iets als het nodig was. Ik gaf hem alleen de boodschap door die ik hem wilde doorgeven. Niets meer. Niets minder.

'Wij hebben psychofarmaca moeten toepassen. De dosis is verhoogd. Uw toestand is dus nog niet geëquilibreerd. Wij hebben u geïnspecteerd en geobserveerd tijdens de dagen dat u hier opgenomen bent. In uw anamnese is het niet helemaal helder waarom u hier bent opgenomen. Uw diagnose is nog niet duidelijk en zo wordt de prognose ook moeilijk te stellen. Wij kunnen niets anticiperen. Er moet nog een hematologisch onderzoek worden verricht, om een bepaalde pathologie uit te sluiten. Zo kunnen we organische oorzaken elimineren. Het team van het laboratorium komt langs om wat monsters te nemen. Verder is er geen fysiek onderzoek nodig, neem ik aan, zoals auscultatie en dergelijke. Ik neem aan dat u geen fysieke symptomen vertoont. Er zijn ook geen andere syndromen geconstateerd die op het moment onze aandacht opeisen.'

Ik stond op het punt mijn concentratie en geduld te verliezen. Ik wilde niet gaan zitten huilen. Dat was vragen om een kalmeringsmiddel. Maar ik moest iets zeggen. Hem tegenhouden. En fatsoenlijk ook nog. Ik moest niet rechtop gaan staan. Dat kon bedreigend overkomen.

'Dokter. Nu voor de vijfde keer. Ik vraag u nu voor de vijfde keer om weg te gaan. U kunt mij niet helpen. Ik twijfel verder niet aan uw competentie of goede wil.'

De dokter ging weg. Hij had een rood gezicht. Emoties, dacht ik. Er zaten dus emoties in de zaak. Alleen was het nog niet zoiets als empathie. Dit had betrekking op hemzelf, niet op mij.

Ik werd opgehaald. Later kwam een andere dokter naar mij toe. De beslissing was al genomen om mij weer plat te spuiten. Ik moest het ondergaan, of ik het wilde of niet. De opleidingsdokter had gesproken. Die ander zou de orders moeten uitvoeren. En snel. Hij was onderdanig. Het leverde ongetwijfeld studiepunten op.

Een hele ploeg van vier broeders en zusters stroomde het lokaal binnen waar ik zat. Ze straalden zo veel agressie uit dat ik dacht dat het einde nabij was. Ze sleurden mij mee naar de kamer. Ze overmeesterden mij zodat ik alleen de pijn van hun fysieke kracht kon voelen. Ze straalden zoveel macht uit dat het ook als onmacht kon worden geïnterpreteerd. Ik begon me vanbinnen sterk te voelen. Waar waren ze bang voor? Waarom waren ze met zo velen uitgerukt? Moesten ze echt met mij vechten om me te helpen? Waarvoor was dat nodig? Of kwamen ze om de oefeningen van hun agressietrainingen toe te passen?

'U moet mee.'
  'Waarnaartoe en waarom?'
  'U moet gewoon mee. Komt u mee?'
  'Waarom moet ik mee?'
  'Wij nemen u mee.'
  'Nee.'

Voor ik het wist, hadden ze me met zijn allen van de stoel gehaald en begonnen ze me mee te slepen. Ik praatte door en bleef protesteren.

'Waarom doen jullie dat?'
  'Het moet!'
  'Van wie?'
  'Van de dokter.'
  'Hoezo?'
  'Je vormt een gevaar als we niets doen.'
  'Heb ik iemand hier uitgescholden?'
  'Nee.'
  'Heb ik iemand hier geslagen?'
  'Ook niet.'
  'Waarom gedragen jullie zich dan zo agressief tegenover mij?'
  'Omdat u moeilijk doet. Zo gaat het hier als men niet meewerkt.'
  'Ik wil naar huis.'
  'Dat is niet aan de orde.'

Zonder enige aankondiging rukte weer een mannelijke verpleegkundige mijn spijkerbroek naar beneden. Net niet afgescheurd. Ik begon weer rare voorstellingen te krijgen van wat er in me zou worden gebracht, hoe hard en hoe gemeen. Ik was bang voor naalden die in mijn lichaam moesten doordringen. Tegen mijn wil in werden er twee spuiten in mijn lichaam leeggespoten. Ik was weer uitgeschakeld. Ze zouden weer voor mij zorgen, zonder last van me te hebben. Als ze niet hun fysieke kracht inzetten, werd het hun farmacologische kracht. Lekker therapeutisch.

Na zo veel dagen kwam er een contactpersoon langs. Hij leek me anders, menselijker. Ze hadden besloten me anders aan te pakken. Zacht. Alles zou nu via hem verlopen. Dat vond ik goed. Hij vroeg of er de volgende dag een gesprek mogelijk was met de dokter en mijn familie erbij. Ik zou eerst een paar uur gaan slapen, uitrusten en op kracht komen. Daarna zou ik in staat zijn het gesprek fatsoenlijk te laten verlopen.

Wanneer iedereen de dag erna op tijd ter plekke was, kwam Zara mij halen voor het gesprek. Toen ik Zara zag, kon mijn dag niet meer stuk. Zij was mijn zusje. Ziekte speelde geen rol tussen ons.

De dokter, niet die imponerende, legde uit wat ze gedaan hadden en waarom.

'We hebben psychofarmaca moeten toedienen. De symptomen van een of andere pathologie.'

Hij praatte maar door en door. Ik was bezig me te concentreren en volgde hem niet zo goed. Ik had geconstateerd dat ik door de chemische middelen af en toe moeite had woorden vast te houden. Ik snapte ook niet waarom ze te veel medicatie toedienden en mij tegelijkertijd vroegen om bij een gesprek te zitten. Ik wilde graag nuchter zijn. Oh, hij was steeds aan het woord.

'Nu moeten we profylactisch en proactief zien op te treden. Het is nu toch wat prematuur haar ontslag te geven.'

Hij ging zo door in een taal waar mijn familie geen touw kon aan vastknopen. Zij bleven alleen beleefd luisteren. Hij was de dokter. Daarnaar hoorde je te luisteren. Ik deed het ook. Op een gegeven moment liet Zara merken dat ze genoeg naar het medische jargon had zitten luisteren. Ze deed haar mond open.

'Dokter, u spreekt een taal die ik niet goed begrijp. Waar het om gaat is dat ik vandaag samen met Martha naar huis ga. Kan dat?'

'Nee. Deze beslissing kunnen wij niet nemen. Het is in de huidige situatie te pril om haar nu met ontslag te laten gaan. Na alles wat er gebeurd is, moeten we haar nog ter observatie hier houden. Een paar dagen tenminste.'

'Nou, dokter, als ik u goed begrijp, zegt u dat mijn zus te ziek is om naar huis te gaan. In dat geval ben ik bereid hier te blijven. Behandel mij dan maar. Neem mij ook op. Wij hebben hetzelfde meegemaakt. Mij hoeft u dan ook niet gezond te verklaren. U bent de behandelaar.'

'Oh! Dat bedoel ik weer niet. Martha is onze patiënt, u niet.'

'Nog niet. Dokter, als u zo doorgaat, dan word ik zelf ook gek. Dan mag u ons beiden behandelen. Jullie weten dat ze bang is voor de medicijnen binnen de psychiatrie. Jullie weten dat mijn zus probeert op eigen kracht te herstellen. En wat doet u? Dwingen! Dwingen en laten spuiten! U moet haar nu een kans geven gezond te worden. Een kans om te herstellen. En dat lukt alleen als jullie naar haar luisteren. Ik stel jullie medische capaciteiten zeer op prijs. Ze had het ook zonder jullie niet gered. Alleen, het wordt nu echt tijd om mijn zus weer mens te laten zijn.'

Nu voelde ik me ook rustig genoeg. Gelukkig hoefde ik niet zo veel zelf te zeggen. Zara deed het voor me. Toch liet ik mezelf horen. Ik was er ook en het ging om mij.

'Dokter, ik wil echt naar huis. En ik neem geen medicijnen mee. Schrijft u me maar een paar slaappillen voor op lage dosis. Dat zal voldoende zijn.'

Karl gaf ook zijn mening over mijn toestand.

'Dokter, mijn vrouw is een sterke persoon. Ze redt het thuis wel. Anders bel ik nog op tijd voor hulp. Als ik wat telefoonnummers krijg waar ik op kan terugvallen, heb ik er vertrouwen in dat het goed gaat. Ik heb vrij genomen van mijn werk, zodat ze de eerste dagen thuis niets hoeft te doen.'

'Oké. Het klinkt goed. Ik moet alleen nog even het dossier raadplegen en met het team overleggen.'

De dokter keek naar mijn kinderen die erbij zaten.

'En de meisjes dan. Wat denken jullie?'

Pepe nam het woord. Hannah liet alleen haar lichaamstaal aan het woord. Nene was niet meegekomen. Zij zou zelf de behandelaar bellen en de stand van zaken met hem bespreken.

'Mama mag nu meteen mee.'

'Vinden jullie haar goed? Is zij altijd zo geweest?'

'Ja. Ze is goed. Nog niet helemaal natuurlijk, anders was ze ook niet hier gekomen.'

'Gaan jullie goed voor haar zorgen thuis?'

'Ja.'

Dezelfde middag kwam mijn contactpersoon terug.

'Martha.'

'Ja.'

'Je mag naar huis.'

'Daar ben ik blij om.'

'Maar....'

'Maar wat?'

'Je moet eerst een ontslagtest ondergaan.'

'Test?'

'Nee, geintje. Activiteit.'

'Laat horen.'

'Morgen ga je flink fietsen. Je krijgt begeleiding en als alles goed gaat, mag je overmorgen naar huis. Met een paar meiden gaan jullie kerstinkopen doen voor de activiteitenbegeleiding.'

'Lijkt me leuk.'

'Dacht ik al.'

'Voorkeur voor fiets?'

'Hoe bedoel je?'

'Kleur, hoogte, oud, nieuw?'

'Ja. Met handrem.'

'Nou, we gaan even kijken dan.'

'Waarom 's morgens niet? Wij kunnen toch in de ochtend fietsen en in de middag kan ik gaan. Met ontslag.'

'Nou. We zien wat kan. En heb je dat pilletje ingenomen dat ik je gaf?'

'Je weet hoe ik erover denk. Moet ik eerlijk zijn?'

'Altijd.'

'Je mag je pilletje weer pakken uit de bloembak in huiskamer twee. Je dwong me dat ding in te nemen en daar hou ik niet van.'

'Je bent niet gemakkelijk. Ze helpen echt.'

'Ik herstel misschien liever langzaam, maar zelf. '

'Oké. Daar gaan we niet over in discussie. Niet nu. Het gaat nu beter met jou en dat moeten we vasthouden.'

'Je bent goed.'

'Jij ook.'

'Ik wil gezond blijven. Jullie houden mij uitgeschakeld.'

'We zouden er geen discussie over houden.'

'Klopt.'

We gaven elkaar de hand en spraken af dat ik de volgende dag om negen uur paraat zou staan om te fietsen. Ik belde Zara en Karl om het goede nieuws te vertellen. Ze waren erg verrast dat alles zo snel positief kon veranderen.

De volgende dag fietste ik gezellig samen met twee van mijn begeleiders naar het verre dorp en terug. Alles was niet alleen goed gegaan; we hadden ook veel lol gehad onderweg. Nu kwam de dokter zijn ontslaggesprek voeren, voordat er weer wat gebeurde!

'Martha hm... moeilijke achternaam, hè.'

'Ik kan uw achternaam correct uitspreken, hoor. En die van vele anderen ook.'

'Ja.'

'Hum.'

'Hoe ging het fietsen?'

'Ondanks de verdovingsmiddelen ben ik erachter gekomen dat ik toch nog wat conditie heb. Of waren uw psychofarmaca ook oppeppend? Amfetaminen of zo?'

'Oh nee, dat niet.'

'Jammer. Ik had dat gevoel. Ik ging als een trein.'

'En, hoe vond u het verblijf hier?'

'Kon beter.'

'Kan altijd beter.'

'Ik wil naar huis, of hebt u bezwaar?'

'Ik wil het hebben over wat we gedaan hebben en waarom.'

Hij begon over medische procedures en protocollen te praten. Ik liet hem netjes zijn verhaal doen. Ik moest me inhouden, aanpassen, ik wilde geen emotionele ontevredenheden meer veroorzaken bij doktoren. Ik was al meer dan genoeg bestraft. Ik hield me gedeisd, zoals het een goede patiënte betaamt. Op een gegeven moment leek het erop dat hij akkoord zou gaan met mijn ontslag, als er nazorg geregeld kon worden. Ik vond alles goed. Karl ook.

'Nu moet ik een recept voorschrijven voor thuis.'

'Graag alleen slaappillen en een lage dosis, meer niet. Vijf millegram Temazepam voor het slapengaan zal genoeg zijn. Misschien ook ziekteverlof. Ik voel me nogal moe en moet nog aan slaapmanagement doen.'

'Dat sowieso. Je moet echt uitrusten. Je hebt een flinke deuk opgelopen. Over die slaapmedicatie. Vijf milligram is echt weinig. Ik weet ook niet of die dosis leverbaar is. Ik schrijf een recept voor van tien milligram.'

'Wel afbreekbaar, zodat ik er zelf vijf van kan maken.'

'Tien is niet echt veel.'

'Ik ben bang voor pillen.'

'Ik zie het.'

'Ik zeg niet dat ze niet helpen. Ik heb alleen geen goede band met ze.'

'U zegt het. Toch wil ik ook wat psychofarmaca voorschrijven.'

'Nu niet. Doe het niet. Ik neem weer contact met u op als ik ze nodig heb.'

'Oké. Wel snel doen, hé?'

'Dank u.'

'Hebben we alles goed gedaan hier?'

'Dat weten jullie zelf ook. U bent de psychiater. Wat u ook doet, u kunt er een hoog geldbedrag voor vangen. Gaat u zo door. Met doen wat goed is.'

'We doen het niet voor het geld. Niet alleen voor het geld. Ziet u het zo?'

'Toevallig gaat het ermee gepaard.'

'Wat zouden we volgens u anders moeten doen?'

'Ik heb vanmorgen flink gefietst. Nu ga ik naar huis. Als ik vanaf het begin ook mee geweest was om boodschappen te doen, had ik misschien al lang thuis gezeten. Maar dat is weer achteraf bekeken. '

'Een retroactieve visie helpt bij het stellen van betere doelstellingen. Je mening kan dus constructief uitpakken. Wij gaan voor de kwaliteit en die is dynamisch.'

'Zo goed kan ik het nu ook niet weer verwoorden.'

'Je spreekt anders wel goed Nederlands.'

'Een kwestie van oefenen.'

'Bent u hier niet goed behandeld, als ik mag vragen?'

'Behandel alle patiënten van mens tot mens. Meer niet. Soms had ik het gevoel dat ik geen mens meer was, maar dat er een 'casus' van mij werd gemaakt. '

'Het is niet altijd gemakkelijk dit beroep foutloos uit te oefenen.'

'Misschien moeten we ons bezighouden met simpele dingen.'

'Ja, denk eerst aan de medische taal. Mijn familie begreep er geen bal van. Waarom moeten doktoren altijd moeilijke woorden gebruiken? Vergeten jullie de gewone mensentaal als jullie zoveel jaren op de universiteit gezeten hebben? En meestal had ik ook het gevoel dat ik meer een 'dossier' was dan een persoon. Als mens werd ik niet erkend, niet echt. Alsof ik de ziekte was in plaats van de zieke. Denk aan al die keren dat u het over medicatie had, maar niet echt over mij. Soms had ik het gevoel dat iedereen hier aan het rennen is, jullie zijn druk, druk met ons, maar jullie bereiken ons niet. Ik ben misschien cru in mijn opmerkingen. Ik vind de medische wereld gewoon te imposant en te imponerend. Het kan ook dat ik makkelijk praten heb. Of dat ik inderdaad niet in staat ben jullie vak te beoordelen.'

'U doet het goed. Ik herken veel in wat u zegt. Helaas is onze tijd nu om. Ik geef u nu een hand. En ik wens u hier niet meer terug te zien.'

'Dank u voor de behandeling. Het zal me zeker lukken.'

Karl stond ook op en gaf de dokter een hand. En we vertrokken. Bij de receptie moesten we op hem wachten, zodat hij ons een recept kon geven voor ambulante behandeling. Bij de zusterspost haalde ik mijn ringen op die geconfisqueerd waren, omdat ze een gevaar konden zijn. Ik vroeg voor de zoveelste keer om mijn nieuwe ondergoed dat ik van Zara had gekregen. Ze had het in mijn nachtkast gelegd, zodat ik iedere keer iets schoons kon aantrekken. Door nieuwe kleding, mooie kleuren en veel fruit eten knapte ik snel op. Dat was gewoon ons therapeutisch trucje, tussen mij en Zara.

Voor de zoveelste keer bleek mijn ondergoedpakket spoorloos. Het kon toch niet dat het personeel mijn kleding ontvreemd had? Ik schrok van deze gedachte en dacht dat ik hallucineerde. Ik stond op het punt boos te worden en een klacht in te dienen. Karl hield me tegen. De dokter kwam op dat moment binnen en overhandigde ons het recept en de pillen. Hij wenste ons nogmaals succes en beterschap. Ik begon weer te steigeren en de zusters met nadruk mee te delen dat ze verder moesten zoeken. Ik was heel gehecht aan alles wat met Zara te maken had.

Volgens Karl moesten we gaan. Die kleren moest ik maar laten zitten. We liepen naar de parkeerplaats.

'Martha.'
'Ja.'
'Wil je rijden?'
'Ik durf niet.'
'Maar je moet durven. Je moet niets kwijtraken van je rijvaardigheden.'
'Langzaam dan.'
'Het is ook rustig op de weg. Ik kijk mee.'
'Oké.'

Trots nam ik plaats achter het stuur van onze wagen. De contactpersoon die ons was komen uitzwaaien, gaf me een knipoog. Dat voelde als zorg. Ik was weer vrij.

De eerste twee nachten thuis sliep ik slecht. Misschien had ik nog wat van de ingespoten middelen in mijn lichaam. Ik voelde me flauw. Maar er werd voor mij gezorgd. De kinderen zaten continu bij me op de bank. Meer hoefden ze eigenlijk niet te doen. Hun warmte was geneeskrachtig.

Ik belde en mailde een paar mensen. Ik moest anderen ook een hart onder de riem steken. Ze waren geschrokken van mijn ziekte. Eerst belde ik Hella op in Kigali.

'Hella, met mij.'

'Ja, je stem is helemaal gezond. Waar ben je mee bezig? Je maakt ons bang, jongedame. Ik heb gehoord dat je je zomaar laat vervoeren en in een gekkenhuis laat opnemen! Wat denk je dat het ons doet?'

'Ik ben de zieke, jullie moeten volhouden.'

'Onmogelijk.'

'Ik wilde even testen of er nog mensen zijn die om me geven, die zouden bellen, kaartjes sturen, op bezoek komen, noem maar op.'

'Bij mij is het je zeker gelukt. Ik kreeg diarree van het nieuws.'

'Dan zitten we goed.'

'Nou, nu is het gelukkig achter de rug. Ik begrijp dat het leven wel eens kan ingrijpen. We kunnen het alleen niet hebben dat je echt ziek wordt. Je hoort gezond te blijven. Zeg wat we moeten doen om het mogelijk te maken.'

'Lekker eten geven en ja, nu heb ik wijn nodig. Weken heb ik geen druppel gehad.'

'Ik heb hier feestelijk gekookt en wijn aangeschaft om op je gezondheid te toosten.'

'Wij gaan hier ook aan tafel en doen hetzelfde.'

'Heel goed. Jij klinkt nu echt goed en gezond. Zo houden.'

'Doe ik. Nou, nu moet ik ophangen. De telefoon is niet alleen duur, het eten wordt hier koud.'

'Hier ook. We gingen ook net aan tafel. Wat eten jullie?'

'Cassavebladeren met vlees en pindameel, cassavebrood, en zoete aardappelen. '

'Oh! Wij eten hetzelfde. Ik heb er alleen rijst en friet bij. En drinken?'

'Een Zuid-Afrikaanse wijn. En daarna gaan we borrelen. Grand Marnier. En jij, welke wijn?'

'Banaanwijn die Ben heeft meegenomen en Saint Rafaël.'

'Jij hebt een betere keuze voor de borrel gemaakt.'

'Nou, en jullie voor de wijn.'

We aten en dronken. Het verbaasde Zara en mij dat we op een zaterdagavond hetzelfde aten als mensen uit Rwanda. We waren toch geïntegreerd? Later zou Hella aan Zara verklappen dat het niet zo gek was dat ik misschien ziek was geworden. Zij had ook een ziekelijke heimwee. Ze miste ons verschrikkelijk. Ze vroeg zich af wanneer we elkaar zouden zien. Het moest zo snel mogelijk gebeuren, voordat iemand zijn verstand verloor.

De volgende dag voelde ik de behoefte om ook contact op te nemen met andere mensen, naast mijn familieleden. Ik schreef iedereen een kaartje terug die mij beterschap had gewenst. Met bezoek zou ik wel moeten wachten. Ik wist niet wat ik mensen moest vertellen. Ik moest de boel in mijn eigen hoofd nog op orde krijgen.

Op maandag gingen de kinderen weer naar school en Karl begon weer te werken. Het huis werd weer van mij alleen. Ik dook in mijn gedachten. Ik moest echt weten hoe het met mij ging. Ik moest uitzoeken welke richting mijn leven op ging. Maar hoe doe je zoiets? Hoe geef je je leven een positieve richting? Hoe verlos je jezelf van een zieke ziel?

Ik besloot een brief aan mijn moeder te schrijven. Ik zou hem zo vaak mogelijk lezen. Het zou het beginpunt zijn om mezelf te leiden naar een onomkeerbaar herstel. Mijn moeder had me in het ziekenhuis ook in mijn dromen bijgestaan. Alleen zou ik met die brief heel voorzichtig omgaan. Het moest geheim blijven. Mijn moeder was er niet meer. Het klonk gek haar te schrijven en ik voelde me al niet gezond. Maar ik had haar nodig. Als geheugensteuntje.

Lieve mama,

Sinds vorige week ben ik weer thuis.

Dit weekend heb ik mijzelf uitgenodigd bij Zara. Ze was van plan naar me toe te komen voor de nazorg. Ze staat altijd voor me klaar en vanwege het slechte weer heb ik ervoor gekozen zelf naar haar toe te gaan.

Vorige zaterdag om halfdrie van huis vertrokken. We zijn samen boodschappen gaan doen. Daarna heeft ze gekookt en hebben we samen lekker gegeten.

Voor de eerste keer in weken heb ik zitten genieten van mijn eerste glaasje wijn na een lange periode van gevangenschap. Een Chardonnay d'Afrique du Sud.

Ik heb Hella gebeld. Ze doet het geweldig. Ze gaat ervan uit dat ik gezond blijf. Mijn zieke ziel zal zeker herstellen. Volgens haar heeft de menselijke kracht zijn grenzen, maar ook weer niet. Ik zal er sterker uit komen. Meende zij werkelijk. Ze doet mij goed. Zij lijkt op jou, mam.

Ik wil graag beter worden. Zoals ik was. Ik moet met jou over mijn ziekte praten. Ik snap niet alles wat mij overkomen is en heb iemand nodig die me begrijpt, niet veroordeelt en naast me staat. Compleet. Jij, mama. Je bent de enige die mij uit dit moeras van het leven zult weten te trekken. Blijf bij me in de buurt. Zeg wat ik moet doen. Als ik aan jou denk, voel ik geen pijn. Niet meer.

Ik heb heftige gevoelens ervaren. Niet alles voelde naar. Als ik uitgeschakeld was door hun spuiten, kon ik lekker over jou dromen, mam. Het was heerlijk. Daarnaast had ik af en toe ook herbelevingen van de oorlog. Het was erg, maar ik heb die oorlog toch in het echt meegemaakt. Dus, ook niets dramatisch.

Een melange van liefde, plezier, verdriet, mededogen, alles kwam langs.
Daar had ik het gevoel dat ik vanbinnen ontploft was. Kan dat? Ik wilde ook niet alles aan de artsen kwijt, want niet iedereen kon ik daar vertrouwen. Ze hebben ook vreselijke geintjes met mij uitgehaald. Machtsspelletjes.

Lieve mama. Terwijl ik net veertig ben geworden, heb ik toch het gevoel dat mijn leven zogoed als voorbij is. Die veertig jaren voelen als tachtig. Vroeger hoopte ik zestig te worden, maar nu niet meer. Het voelt alsof ik zo lang heb geleefd, zoveel anderen heb overleefd, zoveel in de wereld heb gezien. Maar om deze gedachten te bestrijden, kijk ik naar mijn kinderen. Ze zijn nog te klein, dus ik ben geen tachtig jaar oud. Dat wil zeggen dat ik nog even langer moet leven, zodat ik kan zien hoe zij volwassen worden.

Mama, ik wil je zien. Het kan niet. Ik schrijf jou. Ik schrijf mezelf. Het geeft niets. Ik doe het discreet. Daarom. Ik geloof in jou. In jou, in mij. Je bent bij mij. Je bent er. En je helpt. Dat heb je altijd gedaan. Je sleept mij erdoorheen. Moeders helpen – daar ben ik op mijn beurt ook een moeder voor. Mijn kinderen, die zijn vol verwachtingen naar mij toe. Ik moet het redden, niet alleen als mens, ook als moeder.

Ik wil dat je mij van binnenuit bekijkt. Mij onderzoekt. Die doktoren kunnen er toch niet bij. Ik werk mee, maar ik kan er niets aan doen, dat ze er niet goed bij kunnen. Ik moet iemand hebben die een goed intern onderzoek kan doen, en aankan. Jij, mam. Durf je dat? Ik heb jouw mening nodig. Over hoe het met mij gaat en moet gaan. Over hoe ik verder moet. Ik zal naar jou moeten luisteren. Nu. Vroeger deed ik het toch iets minder, hè.

Verder is alles weer goed. Alles lijkt goed, maar niet alles voelt goed. Dat komt nog. Ik ben sereen. Ik lijk sterk om iedereen sterk te laten lijken.

Jou hoef ik niet voor de gek te houden. Als ik aan jou denk, wil ik eerst flink huilen. Ik hoef me niet beter voor te doen. Pour me sembler forte. Ik huil alleen lekker in mijn slaap. Lekker discreet.

Enfin, mam, hoe moet ik het zeggen?
   Het leven is even moeilijk.
   Je me sens en détresse.
   Een ondraaglijk bestaan.

Liefs,
Martha, jouw Martha.

ADIEU

Er is een tijd van komen en een tijd van gaan. Op mijn dertiende heb ik mijn ouderlijk huis verlaten, mijn ouders, andere familieleden, vrienden en buren om *infirmière* te worden in een kleine stad in het oosten van het land. Daar kwam ik op een schitterende kostschool terecht, waar ik me in zes jaar de theoretische kant van de verpleegkunde eigen zou maken. Ik volgde praktijklessen onder begeleiding, binnen het daarvoor bedoelde ziekenhuis, het zogenaamde *hôpital d'application*.

Het was een kwalitatief goede school waar de meisjes na zes jaar veranderd waren in gedisciplineerde verpleegkundigen met een goed ontwikkeld verantwoordelijkheidsgevoel. De nonnen die de leiding hadden, werden als streng gezien door de leerlingen, maar als goede opvoeders door de ouders. De lessen werden in het Frans gegeven, en de tweetaligheid van de leerlingen was een vereiste. De praktijklessen waren vooral gericht op lichamelijke en infectueuze aandoeningen. We werden getraind in verschillende vakken, zoals het laboratorium, obstetrie, chirurgie, gynaecologie, consultatiebureaus, voeding en opvoeding. We bekwaamden ons ook in interne en externe operatieassistentie. In een arm land kon men zich niet permitteren – door het tekort aan verpleegkundigen – om ons slechts op te leiden voor één soort patiëntencategorie. Improvisatie en inventiviteit waren van kapitaal belang in de verpleegkunde. Je moest een doktertje durven zijn als de dokter ontbrak, anders verloor je de patiënt tijdens het wachten. Infecties hebben geen geduld. In de tropen vermenigvuldigen deze kleine microben zich exponentieel. Razend snel bereiken ze de morbiditeit en als je niet snel in actie komt, verlies je het gevecht tegen deze razendsnelle onzichtbare vijand.

In die tijd werden bijvoorbeeld injectienaalden die in moderne landen als wegwerpartikel zijn bedoeld in heet water gekookt om ze te steriliseren. Telkens werden ze opnieuw gebruikt, totdat ze voor de zoveelste keer onbruikbaar werden verklaard. De naald was bot geworden. De prik deed pijn, werd er gezegd, maar nee: het was de naald die pijn deed.

Ieder ziekenhuis kampte met een heel beperkte voorraad aan materiaal. De bedden waren overvol. Ziektes zoals malaria, door de vrouwelijke mug *Anophèle* veroorzaakt, en borreliose, door de teek veroorzaakt, waren landelijke plagen. Ze doodden in razendsnel tempo zwangere vrouwen, kinderen, ouderen en andere mensen in verzwakte gezondheidstoestand. Verder waren er veel slachtoffers van armoedeziekten zoals ondervoeding en enterogastritis, een veel voorkomende darminfectie die door vies drinkwater wordt veroorzaakt en in het ziekenhuis voorkomt.

Mijn tijd op de *École des Sciences infirmières* heb ik als intens plezierig beleefd. Niet alleen zou ik een diploma krijgen en misschien een beter leven met een goede baan leiden; ik kreeg ook de gelegenheid mijn land beter te leren kennen. Ik had mijn dorp verlaten, was door de hoofdstad Kigali heen gejeesd en tot in het verre oosten net op de grens van Tanzania gekomen.

Aan het eind van de verpleegkundige school was ik een jonge vrouw, rijp om zelfstandig te gaan leven en verder zonder begeleiding van ouders of nonnen de grote wereld in te gaan. De bedoeling van mijn ouders was om me zo snel mogelijk de studie te laten volgen in Leuven, in België, waar ik verpleegkundige wetenschappen zou gaan studeren. Dat was inderdaad een uitstekend idee, maar het leven liep anders. Ik koos voor de man. Ik was eraan toe.

Na de diplomering kreeg ik, zoals gebruikelijk in de Rwandese cultuur, van het ministerie van Werkgelegenheid een lijst met gediplomeerden en een opsomming van de branche waarin ze gediplomeerd waren. Zo werden verpleegkundigen naar het ministerie van Gezondheidszorg verwezen, terwijl bijvoorbeeld leraren naar het ministerie van Onderwijs werden gestuurd. Ieder zijn vak. Terwijl de pas gediplomeerde bezig was contact op te nemen met de werkgever naar keuze met open sollicitaties, was de overheid ook bezig diegene waaraan veel behoefte was te plaatsen binnen de betreffende sectoren. Deze plaatsing gaf een sterk goed gevoel nodig te zijn bij degenen die uitgenodigd werden om in bepaalde instellingen te komen werken. Ook al was dit geen eigen keuze geweest, de plaatsing door het ministerie gaf de afgestudeerden het gevoel erkend te worden, als vakman of vakvrouw. Waardering. Het zoeken en vinden van werk was dus een interactie tussen de overheid, de werkgever en werkzoekende, wat een vertrouwelijke relatie tussen mens en instelling deed ontstaan.

Kort voor de diplomering presenteerden zich twee dokters, een epidemioloog en een microbioloog, bij de directie van mijn school. Ze waren op zoek naar aspiranten om een hiv-studie te beginnen binnen een lokaal universitair ziekenhuis, in samenwerking met het John Hopkins University in de Verenigde Staten. Toen mijn toenmalige directrice mij voordroeg om het team, dat toen slechts uit deze twee buitenlanders bestond, te ondersteunen, heb ik niet geaarzeld. Ik zou lekker internationale ervaring opdoen. Hiv was in de jaren tachtig een grote killer in ons land en ik was heel geïnteresseerd in deze nieuwe epidemie die doktoren, verpleegkundigen, patiënten en hun familieleden vooral machteloos maakte. De ziekte was niet te behandelen en onvindbaar in de bestaande literatuur.

Met een maandsalaris en van mijn vakantiegeld kon ik het nodige kopen om op kamers te gaan leven. De tweede helft van mijn salaris gaf ik aan mijn moeder, voor het geval ik het later nog nodig zou hebben. Wat moest ik met zo veel geld! Ik pakte mijn koffer en besloot op kamers te gaan wonen. Deze verhuizing was meer noodzaak dan behoefte. Ik wilde zelfstandig leven, had de nonnen overleefd en wilde mijn ouders niet in de buurt hebben. Ze waren goed, maar ik moest weg.

Volgens mijn moeder was ik nog te jong en onervaren om alleen te reizen en mezelf in een grote stad te installeren. Mijn broer Charles werd gevraagd om mee te reizen. Hij kreeg de opdracht mij niet achter te laten zonder zeker te weten of de kamer en andere zaken goed geregeld waren. Zo'n oppasser hoefde ik niet, maar Charles was altijd al prettig gezelschap geweest.

We hadden geen adresgegevens nodig om mijn collega's uit Canada en de Verenigde Staten te vinden. Als je blank bent en je woont in zo'n stad, kent iedereen je. Een afspraak maken is in Afrika ook meestal niet nodig. Je wordt ontvangen. Er wordt naar jou geluisterd. Men maakt tijd voor elkaar. Daar heeft men vooral *time, no money*.

Als eerste echte baan werd ik dan *infirmière* in het allereerste hiv-onderzoeksproject in het land. Ik vond het schokkend dat een groot percentage vrouwen in ons project seropositief was. Er was geen behandeling mogelijk, wat de patiënten erg wanhopig maakte. Meestal was de partner ook besmet, waardoor veel ouders overleden en veel zieke of gezonde wezen hulpeloos achterbleven. Ik heb mensen die te ziek waren om het ziekenhuis te bereiken, thuis mogen bezoeken, en zo heb ik langzaam mijn eigen land tot in het hart leren kennen. Sommige mensen waren zo arm dat ze bijna geen dak boven hun hoofd hadden en nooit voldoende te eten kregen. Ik bewonderde ze. Ze hadden weinig tot niets, maar hielden vol. Dit werk in de verpleging leerde mij de mens beter kennen, ook in zijn kwetsbaarheid.

Zelf had ik het gevoel vroeg volwassen te moeten worden, omdat ik toen al over serieuze levenskwesties moest nadenken. Tot mijn verbazing besefte ik pas op deze volwassen leeftijd dat ik altijd door rijke mensen omringd was geweest. Ik was als een lot uit de loterij in mijn eigen land. Alleen had ik er nooit bij stilgestaan.

Toch leek de Rwandees altijd gelukkig. Bijna iedereen werd gedwongen zuinig te leven, maar alles werd met elkaar gedeeld. Alleen waren er veel mensen bij mekaar die niets te delen hadden. Dat ontdekte ik pas later, toen ik ging werken en het land in trok. Hoe redden ze het? Het leven berustte op het hier en nu. Over de verre toekomst durfden weinigen fantaseren. Het was leven zonder enige zekerheid, maar toch heeft die onzekerheid wel iets. Is het leven zonder armoe al niet onzeker? De onzekerheid houdt soms de boel in stand.

Door mijn christelijke opvoeding heb ik ook altijd geloofd dat er meer in het leven bestaat dan wat we zien en er zelf van maken. Zoiets als een God moet inderdaad ook zijn werk doen, buiten onze wetenschap om. Daarom zal ik niet altijd naar een zeker bestaan hoeven te hunkeren, want buiten wat ik beleef en kan beïnvloeden, is er nog veel meer. Wetend dat niets vanzelf gaat, onthoud ik ook dat niet alles te sturen is. Zo ben je vandaag gezond, maar morgen toch ziek. Je stapt in je auto en gaat de snelweg op, gelukkig zonder de vraag of je ook veilig terugreist. Je gaat gewoon. Toch betekent dat niet dat ik lekker op mijn kont moet gaan zitten en mijn lot afwachten. De regie over je eigen leven proberen te krijgen is ook van kapitaal belang.

Van Rwanda heb ik afscheid moeten nemen. Van mijn mooie land, Le Pays des Mille Collines. Toen begonnen er vragen in mij op te borrelen die normaal geen kans krijgen in het dagelijkse leven. Ik had mezelf bijvoorbeeld nooit afgevraagd hoe essentieel het is dat ik een natie heb, een eigen land. Wie vraagt zich zoiets af? De dag waarop ik besefte dat het misschien niet meer mogelijk was op redelijke termijn naar Rwanda terug te keren, groeide er een bepaalde angst in mij. Het vraagstuk over mijn identiteit hield mij bezig. Ik leefde in Kenia, maar was geen Keniaan. Ik kende de gewoonten niet, ik hoorde niet bij bepaalde stammen, ik was geen Massai, geen Kikuyu, geen Nanjai, ik was dus anders. Ik was Rwandese en was niet eens gewend mezelf in te delen in een stamgroep. Ik had nooit de behoefte gehad lid te zijn van een bepaalde stam, maar in Kenia miste ik het wel. Daar heeft iedereen een eigen stam. In Rwanda misschien ook, maar het interesseerde mij geen meter. Ik was thuis, compleet, tot de dag waarop ik de benen nam.

Natuurlijk mis ik mijn geboorteland. Ik mis de heuvels, de warmte van arme mensen, de eenvoud van de kinderliedjes en dansjes, de verhalen, het klimaat, de zon, het zand, de stoffige huizen, de geuren van eten en van dieren, de zure plas van koeien, de kleur van wilde planten, de angst voor verrassend kruipende reptielen, de hoge bergen die je beklimt totdat je bijna geen lucht meer hebt, de dalingen waarbij je een stok moet gebruiken bij het lopen, het hoge gras waarin de kinderen verstoppertje spelen, de wilde dieren en huisdieren, de klanken van de talen, de kroegen met gegrilde kip, vis en geitenvlees. Ik mis de werksters in mijn huis die alles netjes afstoften, de was en de boodschappen doen, eten koken dat ik lust en bedden opmaken en de hark door de tuin halen. Ik mis de warme regen waarin de kinderen spelen en met het vieze water spetteren, de gastvrijheid van de Rwandese cultuur, het ongeregelde leven. Ik mis de markt, de traditionele kleding, de humor, de blauwe lucht en de zon. Nou, even denken, mis ik die zonsondergang echt? Nee, grappig genoeg mis ik die toch niet. Dat is typisch westers. Zij vinden de zonsondergang zo romantisch. Voor mij moet de zon ook ondergaan als die opkomt. Ik mis het buitenleven. De winter heeft van mij een huismus gemaakt. Dan zit ik binnen tegen de verwarming, met een deken over mij heen.

Ondanks dat gemis heb ik toch verscheidene momenten van ultiem genot. Alles is maar betrekkelijk. Mijn nieuwe land heeft ook wat te bieden.

Ik mis niet wat de oorlog ons heeft aangedaan, de angst, de onveiligheid, het gevoel dat ik zoiets ook aan mijn kinderen zou kunnen nalaten. Weg ermee. Ik mis mijn land dus tegelijk ook niet. Op een gegeven moment is het ook tot mij doorgedrongen dat ik in staat ben van een ander land te houden. Ik heb mijn land terug.

Ik hou van de koude lucht op mijn gezicht op de fiets in de winter. Ik hou van kinderen die zwemlessen volgen en op de fiets netjes naar school fietsen. Ik hou van deze taal, waarin ik nu bijna alles kan zeggen wat ik wil. Het is mogelijk een nieuw land te krijgen, het is mogelijk zich een nieuwe natie te veroorloven. Alleen jammer dat het bewust moest gebeuren. De passie en de nostalgie van een eigen land voel ik aan de overkant.

Het is mogelijk je eigen identiteit te verrijken met andere gewoonten, andere waarden en normen, met een andere cultuur, de Nederlandse cultuur. Het is zalig anderen tot mij toe te laten en op hen af te gaan, om samen te genieten van een nieuw leven dat zich aanbiedt in mijn nieuwe natie. Mijn kinderen zijn hier beter af.

Mijn biculturele bestaan is het beste wat mij tot nu toe is overkomen. Wat er ook in mijn leven gebeurt, van stress tot vreugde, in de loop der tijd heb ik alleen maar geconstateerd dat ik gegroeid ben. Hoe dat komt, weet ik niet precies. Wat ik wel weet, is dat de kern van mij als mens onverwoestbaar wil blijven. Door omstandigheden zijn mij dingen overkomen waarop ik geen invloed had, maar in de loop der tijd zal alles weer op zijn pootjes terechtkomen. Op dit moment beleef ik intens geluk. Ik ben gelukkig dat de mogelijkheid bestaat mezelf telkens weer te hervinden. Een heerlijk besef is het dat ik mezelf nooit kan kwijtraken. Op dit punt kan ik alleen maar zeggen: *la vie est belle*. Ik treur minder, kijk meer vooruit, beleef niet meer dan vandaag, morgen meldt zich vanzelf. Het verleden ligt achter mij. De toekomst zie ik wel, het nu, *le présent*, bepaalt wat morgen komt. Hoezo druk? Wanneer en waarmee? 'Carpe diem' is mijn motto.

Doordat ik mijn geboorteland moest verlaten, heb ik twee identiteiten gekregen, maar ik behoud een eigen persoonlijkheid. Mijn twee culturen geven me het gevoel meer dan alleen maar Rwandese te zijn, en meer dan alleen maar Nederlandse. Aan de andere kant hoef ik niet per se één van de twee of beiden te zijn. Als mens ben ik bereid mijn leven te leiden zonder de beperkingen van alleen maar twee culturen. Mijn interesses gaan verder dan dat. Mijn interesses zijn op ieder mens gericht met wie ik in aanraking kom. Eén persoon is voor mij nooit te doorgronden geweest, laat staan een hele cultuur. Ik hou mijn leven simpel zodat ik van de kleinste dingen om me heen kan blijven genieten.

Soms lijken de dingen wel ingewikkelder dan ik dacht. De open haard in Nederland doet me denken aan het dagelijkse Afrikaanse vuur waarop de maaltijden worden voorbereid. Hier is een open haard ontspanning; in Afrika is het overleving. Zo'n contrast zet mij altijd aan het denken. In Afrika heb je een hut omdat je geen huis kunt bouwen; in de westerse wereld heb je een hutje in de achtertuin omdat het luxe is. De relativiteit van luxe en armoede heb ik leren te plaatsen, omdat ik die twee kanten van het leven van dichtbij meegemaakt heb. Meestal kom ik erachter dat de derde wereld en het Westen meer gemeenschappelijk hebben dan we denken. Alleen worden er vaak andere keuzes gemaakt en die zijn economisch bepaald.

In de zomer verheug ik me op weinig kleding. Ik swing in korte rokjes en met spaghettitopjes waaruit de bh-bandjes stiekem tevoorschijn piepen. Dat ik kromme benen heb, interesseert mij geen meter. Op de platte hei kan ik lekker hardop lachen om de echo van mijn geluid te testen. Die weerkaatst niet, niet in dit platte land. Bij de herinnering aan de weerkaatsing uit bergen en dalen van vroeger kan ik alleen weer glimlachen en dankbaar zijn dat ik het verschil ken.

In de herfst schrik ik van de wind. Ik bereid me voor op korte en donkere dagen. De snelheid waarmee de bomen kaal worden, vind ik spectaculair. De tekenen van het leven in de natuur zijn het bewijs van ons tijdelijke bestaan. Dat doet mij nog maar eens beseffen dat ik van dag tot dag moet leven en niet moet zitten treuren en zeuren over het slechte weer.

Eén ding lukt mij nog niet in dit welvarende land: ik weet nog niet hoe het voelt om welvarend te zijn. Materiële rijkdom heeft mij nooit geïnteresseerd. Ik heb en koop wat ik nodig heb en kan betalen, en vind het goed zo. Ik graai noch verzamel. Mijn verstand zegt dat wat ik niet heb niet van mij is. En zo ook met geld: op is op. De cultuur van creditcard heb ik hier geleerd. Ik heb dat ding met plezier in mijn portemonnee gestoken en ben er trots op. Maar ik doe er eigenlijk niets mee. Nu moet ik ook hard mijn best doen om de economische crisis goed te begrijpen. In mijn huiskamer kan ik de ontwikkelingen over de crisis blijven volgen via mijn breedbeeldtelevisie die ik gelukkig niet op krediet heb gekocht, zittend op mijn heerlijke bank, ook niet op krediet aangeschaft, en toch snap ik nog steeds niet zoveel van de welvaart.

Gelukkig ben ik gewend om van kleine dingen te genieten, zodat ik niet bang hoef te worden van de welvaart in mijn eigen nieuwe land. De armoede heeft mij intact gelaten. Een graaiend bestaan maakt mij ongerust. Ik wil niet zo zijn. Ik wil genieten van wat ik heb, voordat ik meer wil. God moge mij bijstaan – ik moet het kunnen.

Adieu mijn land, adieu mijn vorige ik. Adieu mijn cultuur, adieu mijn volk en alles wat ik daar was en wat ik had. Adieu ma mère, adieu mon père, de hemel onderscheidt ons, ik mis jullie intens. Adieu Bon, adieu Marie-Anne, adieu Belle en Zito. Adieu Tom, adieu Isa, adieu Roos en Louisa. Adieu Ange Dee, Gloire, Sor, Sarus en Darus. De hemel onderscheidt ons, ik ben verloren, maar ik heb jullie niet verloren. Vaarwel allemaal. Ik vaar hier sereen voort. Nog even dan. Ik mis jullie zo.

Ik heb alles meegenomen en ben niets kwijtgeraakt. Ik koester alles wat ik heb en wat ik had in mijn hart. Ik ben bicultureel geworden. Dit is mijn nieuwe kans en ik behoud mijn ik. Ik heb mensen verloren, maar we zijn elkaar niet kwijtgeraakt.

Adieu mijn ondraaglijke bestaan, hier heb ik een echt leven in mijn nieuwe land.

OVERLEVEN

Deze week zat ik te bellen met mijn vriendin van de basisschool, die nu in Canada woont en graag als gastgezin wil fungeren zodat mijn zeventienjarige dochter daar stage mag gaan lopen. Christine heeft net als ik een levensvisie die door de oorlog gebrandmerkt is.

'Wat zitten wij te zeuren,' zei ze, 'onze generatie heeft de vervaldatum al bereikt. We moeten ons nu richten op onze kinderen die we moeten begeleiden, en onszelf totaal vergeten. We hadden allang dood moeten zijn, of tijdens de oorlog, of tijdens het vluchten. Onze gastlanden zien ons ook liever vertrekken dan komen.'

'Nee!', schreeuwde ik in het telefoontoestel. 'We zijn net veertig en anderen van onze leeftijd leven ook nog. Chris, je moet niet zo denken. We moeten blijven vechten, waar we ook zijn. Niet alleen voor onze kinderen, maar ook voor onszelf. Zelfs voor degenen die we achtergelaten hebben zodat ze ook in vrede kunnen leven.'

Christine was een van de meest intelligente kinderen van het dorp. Ze had rijke ouders en als kind een leven als een prinses. Al haar kwaliteiten heeft ze nog, hoewel ze alles wat ze nu waarmaakt, toeschrijft aan de kracht van de Almachtige God.

Na de oorlog zijn veel mensen op de vlucht geslagen. Vluchten is reizen zonder bestemming, in de hoop het gevaar zo ver mogelijk achter je te laten. Zo zijn mijn landgenoten over de wereld verspreid geraakt, dood of levend, ver van hun geboortedorpen, verder in de bossen van Congo en andere Afrikaanse landen. Sommigen hebben ook het Westen kunnen bereiken.

Soms vraag ik me af waarom ik zo ver ben gevlucht. Dan betrap ik mezelf erop te denken dat het was om de kinderen in veiligheid te brengen. Dat is niet helemaal waar. Ik was zelf bang, bang dat de duisternis mijn ogen zou sluiten en ik nooit meer de zon zou zien schijnen. Maar toch: mijn kinderen zijn mijn kracht en houden me op de been. Het idee dat ik ze in leven hou, klopt niet: zij houden mij in leven. Als alles met hen goed gaat, lijkt ook alles met mij goed te gaan. Als zij in hun leven wankelen, kan ik ook geen kant meer op. Als hun iets overkomt, zak ik door mijn benen.

De dag waarop mijn oudste aankondigde niet meer naar school te willen, geen zin meer had thuis te komen, mijn bankpasjes, telefoon en andere papieren confisqueerde en mij chanteerde om haar geld te geven, om weg te lopen naar Rotterdam en een eigen leven te beginnen, kon ik geen kant meer op. Ze was zeventien en wilde zich losmaken van haar ouders.

Nene weigerde met mij in gesprek te gaan. Ze had zeker problemen waar ze niet over wilde of kon praten. Ik voelde me voor de zoveelste keer door haar buitengesloten. Ik kon haar niet helpen. Ik kon haar niet bereiken en kon haar ook geen vijftig euro geven die zij vroeg om naar Rotterdam te gaan. Telkens voelde ik de pijn je kind te zien en te voelen dat ze zich wil losmaken van jou.

Er is nog werk aan de winkel, maar ik laat mij er niet onder krijgen door de kogels die mijn geest hebben doorboord, mijn hart uit mij hebben gerukt en mijn lichaam intact hebben gelaten, als een karkas dat de gieren niet eens wilden hebben vanwege de geest die er nog in huisde. Ze zeggen dat de tijd alle wonden heelt, maar hoe lang duurt het nog? Hoeveel jaar moet je als remedie gebruiken en wie maakt het recept?

Hoe dan ook: mijn leven is als een bonus. Mijn kinderen zouden een echt leven krijgen zonder de ellende uit het verleden. Nog een reden temeer te blijven vechten na het vluchten. Vechten tegen de nare herinneringen die mijn brein zijn binnengedrongen om continu mijn huidige bestaan te blijven kwellen. Ik hoopte dat ik over andere dingen zou schrijven, zoals hoe lekker deze thee smaakt die ik aan het drinken ben, hoe mooi de gordijnen voor mijn raam hangen, of hoe schitterend de orchideeën eruitzien op mijn vensterbank.

Maar nee. Ik heb het gevoel zo veel meer te hebben gezien in het leven dan water, aarde en planten, te veel te hebben meegemaakt om erover te zwijgen.

Ik heb lijken gezien die de straat barricadeerden. Ik heb soldaten in de ogen gekeken die vermoedelijk hun taak te doden plichtsgetrouw en ongevoelig hadden uitgevoerd. Hoe moet zo'n jongen dan verder gaan met zijn leven?

Mijn medemensen hebben mij wees gemaakt. Daardoor is in mij de drang ontstaan om voor mijn kinderen klaar te staan. Ik zou ze willen beschermen tegen de boze wereld zoals een oersterke leeuwin haar kinderen beschermt tegen de vijand in de jungle.

Mijn eigen moeder kwam er zelf bij toen de mijnen waren verzameld om afgemaakt te worden. Ze had zich schuilgehouden, maar alle voorbereidingen en sterfprocedures op afstand gevolgd. Toen ze zeker wist dat de moordenaars toch iedereen hadden, vond mijn lieve moeder het zinloos om 'levend' achter te blijven en voegde ze zich netjes bij de stervende groep. Zo is ook zij gestorven, liggend boven op Zara, en zo kwam Zara als enige uit zeventien lijken oprijzen. Dat noem ik echt een moeder. Ik wou dat ik mijn moeder was, maar helaas ben ik mezelf. Ik bescherm de kinderen niet, zij beschermen mij.

Een collega verbaasde zich erover hoe iemand verder 'normaal' kan leven na dergelijke traumatische gebeurtenissen. Toen ik thuis 'mon repos medical' moest uitzitten, heb ik veel bezoek gekregen van collega's en vrienden. Ze wilden natuurlijk weten hoe het met me ging en ik probeerde mijn emotionele geheugen in te duiken om er wat draaglijke informatie uit te vissen die ik kon delen, voor zover het kon. Tijdens deze gesprekken, die vooral over de oorlogstijd gingen, besefte ik dat ik mezelf moest censureren om het verhaal geloofwaardig te maken en ook de ander er niet mee te belasten. Zeggen dat een familielid vermoord is, gaat nog. Maar hoe zeg je dat datzelfde familielid in stukken is gesneden, met messen levend bewerkt is omdat hij de dure kogel niet waard was, of omdat een kindsoldaat moest oefenen mensen te ontleden?

Hoe zeg je dat mensen ondersteboven werden opgehangen totdat ze doodgingen?

Hoe zeg je dat sommige moeders hun dode kinderen op de rug bleven dragen en ze niet durfden weg te gooien langs de weg, om niet het gevoel te hebben een deel van jezelf levenloos achter te laten om als feestelijke maaltijd voor de wilde honden te dienen? Ze waren allemaal wild geworden en dik van het mensenvlees dat er als voedsel in overvloed was.

Hoe zeg je dat sommige vaders zichzelf en ook hun kinderen om het leven hebben gebracht, om niet alleen naar de hel te reizen?

Hoe zeg je dat mijn buurman een dagelijkse portie zweepslapen moest ontvangen zolang hij niet zei waar zijn vijftienjarige dochter was, die ze wilden verkrachten? Hij is net zo lang geslagen tot hij mank liep. Maar nooit heeft hij de schuilplaats van zijn dochter verraden aan de jongens in uniform.

Als demonen bestaan, hadden ze zich over mijn land ontfermd. Er zijn gewoon geen woorden voor om zulke daden te beschrijven.

Bij mij thuis kwam mijn collega Mientje vaak lekker koffie drinken. Over mijn geestelijke toestand raakten we nooit uitgepraat.

'Martha, heb je dan geen last van enge dromen of nachtmerries? Ik kan me niet voorstellen hoe het is een echte oorlog mee te maken. Ik heb alleen *Hotel Rwanda* gezien.'

'Mientje, *Hotel Rwanda* is een film, oorlog is geen film. Ja, ik heb last van enge dromen en nachtmerries, sinds de eerste dag van de oorlog. In het begin werd ik er angstig wakker van. Ik liep dan de slaapkamer uit omdat ik dacht dat 'ze' bezig waren 'ons' te vermoorden. Nu heb ik de nachtmerries nog steeds, maar ik word er niet meer wakker van. Ik ontsnap altijd aan de dood of ik kan me goed verstoppen in mijn dromen, zodat ze mij niet vinden. Ik ben er ook aan gewend en ik beschouw het niet meer als last. Het is een onderdeel van mijn leven geworden. Ik draag oorlogsmemoires in mijn emotionele geheugen.'

'Toch kun je ook normaal functioneren. Ik zou het niet kunnen!'

'Jawel, je zou het ook kunnen. Zodra het nodig is, krijg je er de kracht voor.'

'Hoe was het toen je ziek was?'

'Ik had geen behoefde aan eten, drinken of menselijk contact. Geen tijdsbesef of contact met de buitenwereld. Mijn zintuigen namen irreële dingen waar, kopieën van nare herinneringen uit mijn geheugen. '

'Wat ging er dan door je heen?'

'Eén ding ging er door me heen: de oorlog. De herbeleving van wat ik in de oorlog gezien, gehoord, geroken en meegemaakt heb, en niet heb willen meemaken. Dat is wat ik tijdens deze twee weken heb doorgemaakt. Het voelt nu alsof ik kan benaderen hoe het is een oorlog mee te maken. Toen ik na mijn ziekte twee weken later bijkwam, besefte ik dat ik de 'echte' gebeurtenissen ook niet echt heb kunnen meemaken. Toen kreeg ik een soort geestelijke verdoving die mij beschermde tegen de pijn en de angst. Ik weet wel dat het idee zelf dood te gaan of omgebracht te worden erg bevrijdend aanvoelde. Alleen zo zou ik dichter bij mijn familie komen, alleen zo konden we bij elkaar zijn, alleen zo was ik niet van mezelf vervreemd. Aan de andere kant was die doodswens ook niet gemakkelijk te realiseren, want ik wilde het niet zelf doen en ik kon ook niet gemakkelijk iemand vinden die het zou doen. Ik trok op een mooie dag mijn mooiste kleding aan. Iets waar je dood in gevonden wilt worden. Ik ging de straat op, dicht bij de zwaargewapende militairen, in de hoop dat ze me zouden helpen.'

'En wat deden ze?'

'Niets bijzonders, de sukkels. Ze groeten mij als mevrouw en gingen door met hun patrouille! De wens om dood te gaan heb ik twee maanden volgehouden. Toen besefte ik dat ik zwanger was van mijn derde dochter. Tijdens de oorlog was mijn menstruatie gestopt, zoals bij veel andere vrouwen, vanwege ondervoeding. Ik kon dus ook niet achterhalen hoever ik was met de zwangerschap. Het idee dat ik een kind zou krijgen in die omstandigheden vond ik heel eng. Ik kon mezelf niet eens doodschieten en er kwam nog een derde baby bij! Nu zit je je af te vragen of ik niet aan mijn andere kinderen dacht. Natuurlijk dacht ik intens aan ze, maar ik durfde ook tegelijkertijd niet het idee te accepteren dat ik kinderen had! Hoe durfde ik zo positief te denken? Veel andere moeders waren hun kinderen kwijtgeraakt en het was bijna onverdraaglijk mijn eigen kinderen nog levend te zien. Ik wist niet hoe ik ze zou beschermen. Als ze vandaag leefden, wist ik niet hoe het morgen zou zijn.

Als ik ze overdag zag, dacht ik dat het afgelopen zou zijn als het donker werd. Ik dacht elke dag dat elke donkere avond het licht zich aan mijn ogen zou onttrekken, en voorgoed.'

'Hoe ben je dan gevlucht?'

'Nou, vluchten was een simpele daad van lafheid. Ik kon het leven niet meer aan. Mijn eigen leven, dat van mijn kinderen, van mijn zusje. Doodgaan was doodeenvoudig in mijn gedachten, maar blijven leven was voor mij ondraaglijk. Het duurde alleen langer en langer voordat ik iemand kon vinden die de moed had mij uit mijn lijden te verlossen. Ik leed in stilte. Alles wat aan het leven was verbonden, vond ik zinloos. Ik wilde er geen energie in steken. Vooral niet voor zo'n zekere korte periode. Want het zou nog even duren en dan ging ik naar de mijnen, op welke manier dan ook, daar waar ik me veilig zou voelen.'

'Ga door.'

'Opeens wilde ik het kind zien dat ik droeg. Terwijl ik dagelijks een soort afscheid nam van mijn andere twee dochters. Elke avond als ze naar bed gingen, elke morgen als ik naar mijn werk ging, iedere keer dat ze in de tuin waren en ik binnen was en iedere keer dat ik ze niet zag. Maar ik kon moeilijk ook zo afscheid nemen van mijn vrucht. Dat was een totaal ander, nieuw leven. Het had niets te maken met de oorlog en het verdiende het ook niet slachtoffer te worden van die ellende. Om te bevallen ging ik even naar Nairobi. Mijn andere kinderen en mijn zus kwamen mee. Daar was ik verbaasd over de betekenis van het leven. Ze werkten, sliepen, aten en dronken en niemand was bang! Ik dacht: hoe is dit mogelijk? Ik was dus totaal vergeten hoe het echte leven eruitzag en daar werd ik wakker van mijn oorlogsverdoving. Opeens deed ik mee met het gewone leven en dat hield ik ook vol, vijftien jaar lang, tot op de dag van vandaag.'

'En nu, ga je anders leven denk je?'

'Wat ik wel anders ga doen, is geen nachtdiensten meer draaien!'

'Held!'
'Ik heb veel gepraat, ik ben moe.'

Soms vraag ik me af of ik veranderd ben. Nou ja, natuurlijk wel in het opzicht dat ik het eng vond alleen, zonder ouders en familie, te moeten verdergaan. Kwesties zoals: wie zal oppassen, wie helpt met de verbouwing en klusjes, hoe overleef ik de feestdagen? Daarmee was ik in de periode na de gebeurtenissen druk bezig. En eerlijk gezegd: veertien jaar later nog (een beetje). Ik kan me goed herinneren dat, als iedereen in de kerststemming was, ik me alleen en angstig en verdrietig voelde. Ik kon ook niet echt met deze gevoelens omgaan omdat ik op dat moment dacht de enige te zijn die hiermee zat. Dat ik voortaan overal alleen voor zou staan, hield mij continu bezig.

Gelukkig ben ik als persoon niet erg veranderd. Het gaat mij steeds gemakkelijk af contact te maken. Sociaal gezien heb ik nu ook veertien jaar later niet te klagen. Langzamerhand is het mij weer gelukt vrienden te maken. Ik ben niet alleen, alleen maar eenzaam soms.

TERUGKEER

'Ga je terug?', vroeg mijn buurvrouw Oda. De vraag die ik ook vaak van anderen heb gekregen. Niet dat men mij weg wil, maar gewoon uit medeleven.

'Nou, nee, wat heb ik daar nu te zoeken?'

'Het is jouw land, daar liggen jouw wortels, en het is trouwens een mooi land.'

'Eigenlijk heb je gelijk. Ik mis alles. Ik mis de hoge bergen, de warme dagen, de mensen die ik ken, die net zoals ik nu oud worden. Maar... hoe kan ik teruggaan?

'Gewoon, op vakantie of zo. Klopt het niet dat het nu veilig is?'

'Nou, de oorlog is er zeker niet meer en ik ken ook mensen die daar gelukkig leven. Alleen is mijn leven nu hier. Ik heb mijn kinderen hier opgevoed. Ze spreken mijn moedertaal niet. Ze zitten op school en kennen alleen het Nederlandse leven. Ze beschouwen zichzelf als Nederlanders.'

'Maar je bent niet bang om terug te gaan of zo, ik bedoel dat je wat overkomt daar?'

'Dat weet ik ook niet zo zeker. Toen ik wegging was ik zo bang. Ik dacht dat het niet mogelijk was daar verder te leven. Het was ook zo, want de kans om dood te gaan was groter dan de kans om te overleven. Daarnaast belandden veel mensen in de gevangenis, soms ook onschuldige mensen. Om maar te zeggen dat ik me daar niet veilig zou voelen.

Zo waren er ook vragen als: 'Leef je nog? Hoe kan het dat jij nog leeft? Waar was je? Hoe of waar heb je je verstopt? Je hele familie is toch dood!'

Die vragen van kennissen en vrienden waren meestal ook belangstellend bedoeld nadat bekend was geworden dat de mijnen uitgeroeid waren.

'Je houdt toch nog steeds van je land?', ging Oda door.

'Ongetwijfeld.'

'Hoe voelt het dan om hier te zijn? Je hebt hier wel je draai kunnen vinden?'

'Nou, ik vind het fantastisch om hier te leven. Ik had nooit geweten hoeveel kracht de mens bezit als ik deze uitdaging niet was aangegaan. Kijk, na mijn eerste vijf jaar hier had ik het eigenlijk al gemaakt. Ik sprak de taal, ik werkte, ik was geïntegreerd, zoals jullie het zeggen. En nu, nu kijk ik met enorm plezier terug op wat ik allemaal bereikt heb. Ik moet mezelf vergelijken met andere vrouwen van mijn leeftijd, de Nederlandse vrouwen net als ik. En tot mijn voldoening hebben ze niets bereikt wat ik niet bereikt heb. Zij hebben een fiets, ik heb een fiets. Zij hebben een paar kinderen, ik heb een paar kinderen. Zij hebben een huis, ik heb een huis. Zij hebben een man in huis, ik heb een man in huis. Het leven is heerlijk. Zij hebben een hypotheek en ik ook. Kortom, ik ben een doorsneevrouw en anders hoef ik niet te zijn. Ik ben mezelf, niet meer en niet minder.

Toen ik hier kwam, was ik vanaf de eerste dag al dol op dit land. Zo'n plat land had ik nog nooit ergens anders gezien. De Nederlander mag zich gelukkig prijzen Nederlander te zijn. Ik ben sociaal en dol op andere mensen en gelukkig hoor ik ook dat ik kleurenblind ben als het over huidskleur gaat. Deze week was ik aan het strand en iemand naast me zei dat ze mijn huidskleur mooi vond. Zoiets dringt niet echt tot me door. Ik ben niet de huidskleur, ik ben ik. Had ze maar gezegd dat ze mij mooi vond en niet alleen de huidskleur. Als ik anderen zie, vind ik ze mooi, aardig, leuk, lelijk, groot, klein, dik, dun, maar ik heb het dan wel over die mensen, ongeacht hun huidskeur.

'Doen mensen raar tegen jou omdat je er anders uitziet, bijvoorbeeld op je werk of zo?'

'Niet dat ik weet, Oda. Ik heb ze nog niet betrapt. Ook al zouden ze het wel doen, is dat hun zaak. Ik zelf hou ze niet in de gaten. Ik zie mezelf niet meer in de massa en iedereen doet waar hij of zij goed in is. Zijn die anderen goed in raar doen, dan zou ik zeggen, vooruit dan maar. Doe iets waar je goed in bent. Ik doe ook dingen waar ik goed in ben.'

'Vind je je werk nog steeds leuk?'

'Ja, ik heb het mooiste beroep van de hele wereld uitgekozen en ik zou het ook voor de tweede keer doen. Het is een loyaal beroep. Je doet het voor mensen en werkt met mensen. Er valt niet zo veel geld mee te verdienen, maar je kunt ervan leven.'

Daar zat ik lekker met de buurvrouw te praten en wie kwam er onverwachts op bezoek? Petra! De buurvrouw is een goed mens, maar bij Petra voel ik me meer op mijn gemak. Onze gesprekken gaan dieper dan een simpele dialoog. Haar bezoek was dan ook een verlossing. Zo kon ik aan Oda ontsnappen die altijd bezig is mij aan de tand te voelen: wanneer ik terugga, terwijl zij ook vindt dat ik hier mag blijven. Zij heeft niets te vinden. Ik blijf hier. Ik weet ook op welke partij zij gestemd heeft: die van de blonde leider. Maar daarbij had ze het op die moslims gemunt die niet willen integreren en in van die jurken lopen, zei ze. Van mij mogen ze de jurken dragen die ze mooi vinden. Als mijn moeder hier was gekomen, had zij ook geen spijkerbroek aangetrokken. Soms vraag ik me af wanneer mijn buurvrouw haar hypocrisie aan de kant zet en leert de ander in zijn waarde te laten.

'Oda, zoals je ziet heb ik ander bezoek, we zien elkaar nog!'

'Ja, het was erg gezellig. Kom de volgende keer bij mij.'

'Doe ik, anders gaan we even een stukje samen fietsen.'

'Akkoord, we bellen nog.'

In mijn gedachten reis ik vaak terug in de tijd, en naar mijn eigen land en cultuur. Ondertussen is de westerse cultuur ook van mij geworden, zodat ik niet veel meer heb te zoeken in de Afrikaanse haven, behalve herinneringen.

Ik denk dan aan die avond toen mijn moeder in de kroeg zat in een dorp naast het onze dat pas elektriciteit had gekregen. Ze bleef netjes zitten met haar vriendin totdat het donker zou worden om naar huis te gaan. Maar het werd niet donker, want de stroom was gekomen. Wat later werden de twee moeders, die steeds gezelliger zaten te genieten, er door de ober aan herinnerd dat het echt laat aan het worden was. Toen mijn moeder en haar vriendin naar buiten liepen, was het zo pikdonker dat ze bang waren en een man werd gevraagd de dames naar huis te vergezellen.

Zoiets is alleen daar mogelijk. Dames op leeftijd laat je niet alleen in het donker naar huis gaan. Als hun iets zou overkomen, zouden de dorpelingen de in het café aanwezige mannen nooit vergeven. Wij zaten thuis ongerust te wachten en vroegen ons af wat er toch met moeder was gebeurd dat ze niet thuiskwam. Opeens hoorden we stemmen in het donker. De deur ging open en ja hoor, daar was mijn moeder, helemaal in de wolken. 'Jullie geloven niet wat ik gezien heb. We zaten lekker in de kroeg en het bleef licht, en licht en licht. Het duurde en duurde voordat het donker werd totdat de ober zei dat het toch erg laat was!'

Iedereen keek naar moeder die erbij stond alsof ze van de maan kwam. Moeder had natuurlijk ook wat Heineken op, en het was heerlijk haar licht euforisch te aanschouwen.

'Ga eerst zitten voordat je nog een tree mist en...!'

'Nee, de tree missen komt door de schoenen, ik draag ze ook niet elke dag!'

Vaak vragen mijn landgenoten, ik bedoel de Nederlanders, wanneer ik terugga. Mijn gevoel mist mijn geboorteland, maar zoveel heimwee heb ik ook weer niet. Terwijl ik dit aan het schrijven ben, is de timmerman in mijn huis bezig een hangtoilet in te bouwen. Dan is het nu onvermijdelijk te denken dat ik dat gat in de grond niet meer wil gebruiken.

Als ik met mijn zus Hella praat, die daar nog steeds woont, wil ik haar zien. Wat ik op dit moment graag wil, is dat ze mij hier komt bezoeken om een indruk te krijgen van mijn huidige leven. We hebben nog zo veel gemeen, ook al leven wij in twee verschillende werelden. Wel, straks komt zij ons bezoeken. Hella gaat op vakantie naar het Westen in plaats van wij naar Afrika. Wij kennen Afrika al, zij Europa nog niet. Het had ook eerder gekund, alleen waren we daar nog niet klaar voor.

Maar vandaag wel.

Marguerite Singe ondersteunt de stichting Plaisir du Moment ten bate van de bevolking van Rwanda.
www.stichtingplaisirdumoment.nl

www.lannoo.com
Registreer u op onze website en we sturen u regelmatig een nieuwsbrief met informatie over nieuwe boeken en met interessante, exclusieve aanbiedingen.

Auteursfoto: Marc Bolsius
Omslagontwerp en vormgeving: Studio Lannoo
© Uitgeverij Lannoo nv, Tielt en Marguerita Singe, 2010
D/2010/45/311 – NUR 402
ISBN: 978 90 209 9158 1